Contes
des sages
alchimistes

DERNIERS TITRES PARUS

Contes des sages d'Amazonie
Contes des sages pas sages
Contes des sages qui s'enivrent
Contes des sages celtes
Contes des sages d'autres temps et d'autres mondes
Contes des sages qui dansent
Contes des sages voyageurs
Contes des sages persans
Contes des sages gardiens de la mer
Contes des sages du Talmud
Quand la sagesse nous est contée, édition collector
Contes des sages aborigènes
Contes des sages créoles
Contes des sages du Moyen Âge
Contes des sages scandinaves
Contes des sages artisans
Contes des sages berbères
Contes des sages gardiens de la terre
Contes des sages de Papouasie-Nouvelle-Guinée
Contes des sages bouddhistes
Contes des sages du Maghreb
Contes des sages de la Grèce antique
Contes des sages cuisiniers
Contes des sages slaves
Contes des sages zen
Contes des sages de l'Égypte antique
Contes des sages de Polynésie

ISBN : 978-2-02-151707-1
© Éditions du Seuil, Paris, avril 2023.

Le Code de la propriété intellectuelle interdit les copies ou reproductions destinées à une utilisation collective. Toute représentation ou reproduction intégrale ou partielle faite par quelque procédé que ce soit, sans le consentement de l'auteur ou de ses ayants cause, est illicite et constitue une contrefaçon sanctionnée par les articles L.335-2 et suivants du Code de la propriété intellectuelle.

www.seuil.com

Contes des sages alchimistes

PASCAL
FAULIOT

Seuil

Sommaire

Le barattage de l'océan cosmique	10
L'invitation aux noces	20
Nicolas Flamel, le libraire alchimiste	27
Les quatre Voies	46
Un secret bien gardé	52
Le banquet des philosophes	59
Un singe diablement immortel !	66
L'épreuve de la balance	92
L'éternelle jeunesse de Diane	99
Les noces sanglantes	118
Le château pentagonal	131
D'une rive à l'autre	143
Blanche Pivoine	150
Le Grand Œuvre	174
Le secret du vieil alchimiste	190
L'ultime épreuve	197
Shams, le changeur du monde	206

Le barattage de l'océan cosmique

Depuis le commencement, l'ombre et la lumière cohabitent dans un équilibre instable mais toujours maintenu. Les dévas, les dieux et les asuras, les démons titans, sont en lutte pour la domination du monde. Leur combat incessant dynamise la Création qui sinon stagnerait et s'effondrerait.

Les asuras ne se contentent pas de régner sur les enfers, ils tentent inlassablement de conquérir la Terre et d'escalader le mont Meru, l'Axe du Monde, pour envahir le ciel et asservir les dieux. Les dévas, avec à leur tête Indra qui brandit la foudre, parviennent toujours à vaincre les démons et à les repousser jusque dans leurs ténébreux royaumes. Ainsi va le monde depuis la nuit des temps.

Il suffit pourtant d'un grain de sable pour enrayer la bonne marche de l'univers.

Durvasa était un grand rishi, un yogi accompli, qui avait été conçu lors d'une colère que Shiva déchargea sur une mortelle. Cet ascète avait acquis de grands pouvoirs en pratiquant ses austérités mais n'avait pu se libérer du caractère irascible dû à sa conception.

Une apsara, une danseuse céleste, lui offrit un jour une guirlande de fleurs parfumées. Croisant Indra, le roi des dieux, perché sur son éléphant, le rishi lui offrit la couronne de fleurs pour l'honorer. Mais Indra, quelque peu éméché car il avait abusé du soma, la liqueur d'immortalité réservée aux dévas, ne prêta guère attention à l'offrande. Il la suspendit négligemment à la trompe de sa monture. Des abeilles vinrent butiner les fleurs, ce qui agaça l'animal divin qui jeta à terre la guirlande avant de la piétiner.

Furieux de voir ce qu'était devenue son offrande, Durvasa fut pris d'une de ses

épouvantables colères. Il foudroya du regard l'oiseau géant qui apportait chaque jour le soma divin et en occulta la source. Les dieux, privés du nectar céleste, se

retrouvèrent vite affaiblis et terriblement vulnérables. Ils perdaient peu à peu leur immortalité et certains d'entre eux trouvèrent même la mort dans les combats contre les démons. Cette situation dramatique était inédite depuis la création de l'univers. Les asuras s'enhardirent, se déchaînèrent et commencèrent à escalader le mont Meru pour envahir le ciel et détrôner les divinités.

L'heure était grave. Les dévas appelèrent au secours Brahma, le dieu créateur, et implorèrent son aide. Celui-ci les invita à se tourner vers Vishnou, le second être suprême de la trinité hindoue, le Préservateur du monde. Le dieu secourable déclara à l'assemblée divine que le seul remède était de baratter la Mer de lait, l'Océan cosmique primordial, afin d'en extraire l'amrita, l'ambroisie céleste qui leur assurerait l'immortalité. Dans sa profonde vision et à l'étonnement général, il expliqua ensuite qu'il n'y avait pas d'autre solution que de s'allier aux démons pour accomplir ce travail titanesque. Leur concours ne serait possible que si on leur promettait de partager le nectar divin, et donc l'immortalité.

Vishnou demanda à Ananta, l'immense serpent cosmique qui lui sert de sofa entre deux manifestations, de soulever le mont Meru, la colonne vertébrale du monde, afin d'en faire le pilon de la baratte cosmique. Vishnou se changea lui-même en tortue pour pouvoir se glisser dessous, tout au fond de l'Océan, afin de servir de socle à l'axe ainsi créé. Le grand serpent Vâsuki qui lui servait habituellement de collier fut mis aussi à contribution. Enroulé autour de la montagne, il servit de corde pour faire tourner le baraton.

Séduits par la promesse de l'immortalité, les asuras acceptèrent le marché mais, drapés dans leur fierté, ils refusèrent de tenir le serpent par l'arrière-train. Ils le prirent donc par la tête tandis que les dévas se saisirent de sa queue. Dieux et démons tirèrent alternativement la courroie serpentine de façon à mettre en branle le pilon géant. Activée par le frottement du serpent sur la colonne vertébrale de l'univers, la kundalini cosmique se déploya dans le vortex. Sous la pression du barattage, le tourbillon des eaux de l'Océan primordial rugissait et projetait une pluie d'étoiles, de nuages, de fleurs, d'arbres, de plantes et d'animaux. Tout ce qui était contenu dans l'Océan se transmuta peu à peu en une quintessence liquide semblable à du lait.

Le serpent Vâsuki, à force d'être tiré à hue et à dia par les lumineux dévas et les sombres asuras, finit par attraper la nausée et par vomir tout son venin. Voyant que ce jet venimeux menaçait d'empoisonner l'univers tout entier, Shiva, le troisième dieu suprême de la Trimurti, se dévoua. Il se précipita dans l'espace pour avaler le poison et sauver ainsi la Création. Seules quelques gouttes lui échappèrent. Elles tombèrent sur une cohorte de démons qui se tenaient à la tête du cobra divin et furent terrassées. D'autres produisirent les serpents et les scorpions !

Le dieu yogi absorba et transmuta le poison, ce qui eut pour effet de colorer sa gorge en bleu.

Une fois purifié du poison, le barattage continua pendant mille ans jusqu'à extraire du lait cosmique la crème de la Création d'où jaillit un certain nombre de merveilles propres à la parfaire : Surabhî, la vache d'abondance, la mère nourricière cosmique, qui satisfait tous les besoins ; Kalpavriksha, l'arbre à souhaits qui comble tous les désirs et dont la fragrance des fleurs parfume le monde ; Chandra, la Lune qui ornera le chignon de Shiva ; Uchaishravas, le cheval blanc à sept têtes, ancêtre de tous les chevaux, qui devint la monture de Surya le Soleil et dont les sept crinières forment l'arc-en-ciel ; Varunî, la séduisante déesse du vin et des boissons spiritueuses ; Kaustubha, le joyau symbolisant la conscience universelle composée de celle de tous les êtres et qui ornera la poitrine de Vishnou ; Shankha, la conque marine, qui fait retentir le son primordial, le mantra « Om », qui chasse les démons ; Hamsa, le cygne blanc aussi rapide que la pensée et qui sert de monture à Brahma ; deux sublimes déesses, Sarasvati, la divinité de la connaissance et des arts qui devînt l'épouse de Brahma, Lakshmi, la parèdre de Vishnou, la déesse de la beauté et de la fortune ; et, enfin, se présenta Dhanvantari, le dieu de la médecine, le créateur de l'Ayurveda, qui tient entre les mains une coupe scintillante remplie de la quintessence des substances cosmiques, le beurre concentré de l'Océan de lait : l'amrita, l'ambroisie céleste qui confère la vigueur et l'immortalité.

Aussitôt qu'ils virent scintiller le nectar divin, les asuras se ruèrent sur la coupe et s'en emparèrent avant que les dévas ne puissent lever le petit doigt. L'assemblée des titans s'éloigna de quelques enjambées pour s'empresser de vider le précieux réceptacle. Vishnou décida d'intervenir avant qu'il ne soit trop tard. Il quitta sa forme de tortue cosmique pour créer un nouvel avatar. Il se changea en la gracieuse Mohini, la déesse de l'érotisme. Ondulant de ses larges hanches et de son buste où trônait une paire de seins opulents, la démarche ondoyante d'une irrésistible sensualité, la divine apparition détourna l'attention des démons. Bavant de désir, les asuras oublièrent l'amrita. Le rusé Vishnou en profita pour s'emparer de la coupe et la remettre aux dieux qui devinrent définitivement immortels.

Les dévas purent ainsi chasser les titans du monde céleste et restaurer l'ordre cosmique sans anéantir les démons nécessaires à l'équilibre de l'univers.

La trace du barattage de l'Océan de lait est encore visible dans le ciel et porte bien son nom : la Voie lactée.

L'invitation aux noces

Les Noces alchymiques, I

Un soir, quelques jours avant Pâques, alors que j'étais assis à ma table dans la grotte où je m'étais retiré, plongé dans la méditation de quelques mystères, je sentis soudain un vent souffler avec tant de violence qu'il me sembla que la montagne vibrait sous la rafale. Une femme m'apparut, admirablement belle, vêtue d'une robe bleue constellée d'étoiles avec de grandes ailes vertes couvertes d'yeux. Dans sa main droite elle tenait une trompette en or, dans la gauche un paquet de lettres. Elle en déposa une sur la table puis s'éloigna sans dire un mot. En prenant son envol, elle sonna de sa trompette avec une telle force que la montagne entière frissonna.

Tremblant de crainte, je pris l'enveloppe. En l'examinant avec soin, je découvris le sceau qui la fermait avec l'inscription : *In hoc signo † vinces*. Reprenant confiance à la vue du signe divin, je décachetai la lettre et lus ces vers :

> *Voici venu le temps*
> *Des noces alchymiques*
> *Du roi et de la reine.*
> *Ton nom est sur la liste*
> *Des quelques adeptes*
> *Conviés aux réjouissances.*
>
> *Si tu penses être mûr*
> *Va vers le Palais Royal*
> *Orné de trois portails.*
> *Prends bien garde à toi,*
> *Si ton cœur n'est pas pur,*
> *Renonce à ce voyage !*

À la lecture de cette lettre, je faillis m'évanouir. Je pensais que j'étais trop vieux pour entreprendre un tel voyage et que je n'étais pas digne d'une telle invitation. Pourtant, toute ma vie j'avais ardemment désiré participer à ces noces alchymiques. Ballotté entre la crainte et l'espérance, incapable de prendre une décision, je finis par m'endormir sur ma chaise.

Je me retrouvai couché dans une tour parmi une multitude d'autres hommes attachés à de lourdes chaînes, grouillant comme des insectes dans l'obscurité. Retentirent soudain trompettes et tambours pendant que le toit du donjon se soulevait, projetant un rayon de lumière à l'intérieur. Portés par l'espoir, les prisonniers tentèrent de se lever mais retombèrent les uns sur les autres. Des êtres apparurent en haut de la tour et l'un d'eux leur ordonna de se taire. Dès qu'il eut obtenu le silence, il déclara :
– Si le pauvre genre humain voulait ne pas se révolter, il recevrait beaucoup de bienfaits d'une véritable mère, mais, refusant

d'obéir, il demeure prisonnier. Toutefois, ma maîtresse veut adoucir sa peine. C'est pourquoi, en l'honneur de la fête que nous célébrons aujourd'hui, certains d'entre vous seront graciés. On descendra la corde sept fois. Ceux qui parviendront à s'y suspendre seront délivrés.

Dans une bagarre indescriptible, sept grappes humaines réussirent à se suspendre et à sortir de cette prison. J'en faisais partie.

Par ce songe, je compris que Dieu me permettait d'assister aux noces du roi et de la reine. Je me préparai donc pour le voyage, revêtis une tunique de lin blanc et me ceignis d'un ruban rouge passant sur les épaules et disposé en croix. J'accrochais quatre roses rouges à mon chapeau. Comme viatique, je pris du pain, du sel et de l'eau. Avant de quitter ma caverne, paré de mon habit nuptial, je m'agenouillai et rendis grâce à Dieu de m'avoir choisi. Je Lui fis la promesse de me servir des secrets révélés, non pour ma gloire mondaine, mais pour répandre Sa Grâce ici-bas et pour aider mon prochain. Ayant fait ce vœu, je sortis de ma grotte, plein de joie et d'espérance.

Nicolas Flamel, le libraire alchimiste

Nicolas Flamel serait né à Pontoise vers l'an de grâce 1330 ou 1340 et y aurait passé sa jeunesse avant de se rendre à Paris pour s'installer comme copiste et écrivain public. Fin lettré et bon calligraphe, sans doute le résultat d'un passage chez les bénédictins, son échoppe ne désemplissait pas. Il rédigeait des lettres et des contrats, copiait des livres qui n'étaient alors que des manuscrits car l'imprimerie n'existait pas encore. Il gagnait ainsi modestement sa vie. Sa rencontre avec une certaine Dame Pernelle allait changer son train de vie. Déjà deux fois veuve, plus âgée que lui, elle

lui apporta une dot rondelette. Le couple acheta une maison au coin de la rue des Écrivains et de la rue Marivaux qui porte actuellement le nom de Flamel. Il y installa son atelier, à l'enseigne de *La Fleur de Lys*. Notre écrivain public ne tarda pas à changer de statut social. Il entra dans la prestigieuse corporation des libraires-jurés triés sur le volet. Jurés car ils devaient prêter serment à l'université de Paris à laquelle ils étaient rattachés, échappant ainsi à la juridiction du prévôt et à certains impôts comme la taille.

Le XIIIe siècle avait vu la fondation des universités et le succès auprès de la noblesse et de la haute bourgeoisie de la littérature courtoise, du roman de chevalerie, des fabliaux et autres écrits satiriques, ainsi, bien sûr, que des traités scolastiques qui firent redécouvrir la pensée de Platon et d'Aristote. Cet engouement pour la culture profane entraîna la constitution dans les grandes villes d'ateliers laïcs de copie et d'enluminure, de librairies, qui étaient jusqu'alors le domaine réservé des monastères.

Notre maître libraire faisait partie des rares clercs autorisés à faire le commerce de livres car la profession était très réglementée et contrôlée. Des manuscrits rarissimes lui passaient entre les mains.

Certains sentaient le soufre et étaient mis à l'index par l'Église. Il avait ainsi accès à des écrits ésotériques et même hérétiques dont il se garda bien de faire commerce, du moins ouvertement !

Une nuit, Flamel fit un rêve mystérieux : un être lui apparut tout auréolé d'une lumière éblouissante. Il tenait dans les mains un manuscrit aux lettres et aux enluminures énigmatiques.

– Flamel, dit-il, regarde bien ce livre ! Malgré ton érudition, tu ne pourras rien y comprendre ! Mais un jour, tu le déchiffreras et il te sera révélé un grand secret !

Ce souvenir le perturba fortement pendant plusieurs jours. Était-ce un simple rêve ou une vision ? En bon chrétien, il se demanda s'il avait vu un ange ou un démon. Il fut hanté par cette apparition quelque temps puis finit par l'oublier.

Un mois plus tard, un inconnu passa la porte de son échoppe. Fébrile, pressé, il disait devoir quitter la ville et avait manifestement un grand besoin d'argent.

Il souhaita vendre le seul bien de valeur qu'il possédait : un manuscrit des plus rares et des plus précieux. À peine le sortit-il de son sac que Flamel eut le cœur qui se mit à battre la chamade. C'était le livre de son rêve !

Le libraire l'acheta aussitôt, renvoya ses apprentis et s'enferma dans son atelier pour le consulter. L'ouvrage paraissait fort ancien. Les pages, fait rare, n'étaient ni en papier ni en parchemin, mais en écorces d'arbrisseaux. Il était composé de vingt et une pages divisées en sept chapitres illustrés par sept enluminures. Y figuraient : *une croix où un serpent était crucifié ; des fontaines d'où sortaient des serpents ; un jeune homme avec des ailes aux talons, ayant une verge caducée en main, entortillée de deux serpents, de laquelle il frappait un casque qui lui couvrait la tête ; un grand vieillard, lequel sur sa tête avait une horloge attachée, et en ses mains une faux comme la Mort, de laquelle terrible et furieux, il voulait trancher les pieds à Mercure ;*

une belle fleur en la sommité d'une montagne très haute, que l'aquilon ébranlait fort rudement, elle avait le pied bleu, les pétales blancs et rouges, les feuilles reluisantes comme l'or fin, à l'entour de laquelle des dragons et griffons aquiloniens faisaient leur nid et demeurance ; un beau rosier fleuri au milieu d'un jardin, échelant contre un chêne creux, aux pieds desquels bouillonnait une fontaine d'eau très blanche, qui s'allait précipiter dans les abîmes ; un roi avec un grand coutelas, qui faisait tuer en sa présence par des soldats, grande multitude de petits enfants, les mères desquels pleuraient aux pieds des impitoyables gens d'armes, le sang desquels petits enfants, était après recueilli par d'autres soldats, et mis dans un grand vaisseau, dans lequel le soleil et la lune se venaient baigner.

Sur la première page, il était écrit en latin : *Abraham le Juif, prince, prêtre, lévite, astrologue et philosophe, à la gent des Juifs, par l'ire de Dieu dispersée aux Gaules, salut D.I.* Après plusieurs jours d'études intensives et obsessionnelles, Nicolas Flamel parvint à traduire un passage où Abraham le Juif prétendait que le message de ce livre avait déjà aidé sa nation captive à payer les tributs aux empereurs romains. Le libraire acquit la certitude de tenir entre les mains la recette alchimique du Grand Œuvre qui permettait de changer le plomb en or. Hélas, il ne pouvait la déchiffrer. Le grimoire était rempli de symboles et de lettres hébraïques qu'on ne pouvait décoder qu'en étant initié à la Kabbale et à l'alchimie.

Flamel se lança à corps perdu dans le décryptage des symboles, le décodage des nombres cabalistiques et des formules alchimiques. Encouragé par les paroles de l'apparition dans son rêve, il compulsa frénétiquement les quelques traités qu'il avait sous la main dans sa bibliothèque secrète, son « enfer » selon la formule consacrée des monastères. C'est là qu'étaient cachés les livres mis à l'index, ceux qu'on ne fréquente pas impunément. Il se prit au jeu de vouloir percer les secrets de la Création, maîtriser les lois de la Nature avec la tentation d'être lui-même un démiurge. Il se procura les œuvres attribuées à Hermès Trismégiste, Albert le Grand, Geber *alias* Al Jabir, Roger Bacon, Arnaud de Villeneuve, Raymond Lulle... Il acheta un athanor, des alambics, des cornues et poudres métalliques et passa une partie de la nuit enfermé dans l'une des caves aménagées en laboratoire alchimique.

Dans le lit conjugal, il murmurait des paroles étranges, des formules hermétiques. Dame Pernelle s'en inquiéta, le questionna, l'implora de lui dire ce qui se passait. Les yeux illuminés, il finit par lui révéler son ardent désir de réaliser le Grand Œuvre, de trouver la Pierre philosophale qui transmute les métaux vils en or pur et produit l'élixir de longue vie. Sa femme le soutint, l'encouragea et se passionna aussi pour cette quête aventureuse.

Au fils des mois, les cornues débordaient, les creusets rougeoyaient, les alambics explosaient, sans aucune transmutation. Le couple se retrouvait dans une impasse :

ils n'arrivaient pas à déchiffrer complètement la recette contenue dans le livre d'Abraham le Juif. Il manquait des clés pour accomplir le Grand Œuvre.

Flamel se résolut à aller consulter des alchimistes chevronnés sans leur faire part de son codex, sa trouvaille. Il fit des copies des dessins, des diagrammes, de quelques formules et prétendit qu'il n'avait pas l'original, qu'il en avait juste reproduit une partie quand il l'avait eu quelque temps entre les mains. Il finit par devenir le disciple de Maître Anseaulme qui lui apprit de nouveaux procédés, des manipulations délicates qui ne se transmettaient que de bouche à oreille sous le sceau du secret. Mais Flamel poursuivit parallèlement sa quête personnelle avec sa femme. Il parvint à déchiffrer plusieurs passages de son livre, progressa dans l'utilisation du fourneau, le mélange des poudres, les réactions chimiques. Il y passa vingt et un ans, autant que les pages de son livre, sans pouvoir atteindre le Grand

Œuvre, la pierre angulaire de la suprême transmutation.

Très pieux, le libraire alchimiste était parfois traversé de doutes. Sa quête déplairait-elle à Dieu ?... Chaque jour, il allait prier à l'église Saint-Jacques, faisait des dons au clergé, la charité aux pauvres, espérant rester ainsi dans les bonnes grâces du Seigneur et recevoir l'inspiration.

Des paroles énigmatiques, en langue hébraïque ou araméenne, lui résistaient encore. Elles étaient sans doute le dernier sceau qui verrouillait le secret de la transmutation. Il lui faudrait trouver un savant hébraïque mais il n'y en avait plus un seul à Paris depuis que Philippe le Bel, après avoir emprisonné les Templiers et fait main basse sur leur trésor, avait banni tous les Juifs de France et confisqué leurs biens. Flamel décida donc d'aller en Espagne, là où ils étaient encore nombreux. Après avoir confié son échoppe à sa femme, il revêtit la tenue du pèlerin, se coiffa du couvre-chef qui arborait la fameuse coquille, empoigna

le bourdon, la canne de marche, et partit à pied pour Saint-Jacques-de-Compostelle. Ayant fait ses dévotions auprès des reliques de l'apôtre, le libraire alchimiste entreprit d'interroger les vieux érudits juifs. Il leur montra ses feuillets, mais les rabbins le mirent en garde car, dans la préface, il y avait quelques mots d'araméen qui revenaient souvent et sonnaient comme une malédiction : *Maranatha à celui qui jetterait les yeux sur icelui, s'il n'était prêtre ou scribe.* Flamel rencontra enfin maître Canches, un médecin juif fraîchement converti au christianisme mais qui demeurait en secret un kabbaliste des plus érudits. À peine le pèlerin lui montra-t-il ses copies que le visage du vieux savant s'illumina :

– Hallelu-Yah ! s'écria-t-il. Ces figures sont sans doute tirées de l'*Asch Mezareph* du rabbi Abraham, un livre que nous avions cru à jamais perdu ! Il contient tous les secrets de l'accomplissement du Grand Œuvre. Quand Flamel révéla qu'il possédait l'original mais qu'il ne le montrerait qu'à celui qui pourrait lui révéler tout son sens caché, maître Canches, malgré son âge avancé, n'hésita pas à proposer de faire le voyage pour voir de ses propres yeux le précieux manuscrit.

Ayant mis un peu d'ordre dans ses affaires, il partit avec Flamel. Les deux compagnons se rendirent sur la côte pour prendre un bateau afin de rentrer au plus tôt.

En chemin, le kabbaliste commença à distiller à petites doses quelques interprétations des figures. Arrivé à Orléans, le vieux savant tomba gravement malade. Flamel le fit aliter dans une auberge, appela un médecin, le soigna, le veilla jusqu'à son dernier souffle. Le mourant lui murmura les ultimes indications contenues dans le texte et les enluminures.

Après avoir fait enterrer dignement son malheureux compagnon de voyage, le pèlerin alchimiste reprit la route de Paris. Il était partagé entre la tristesse et la joie. Son pèlerinage avait pleinement réussi comme si saint Jacques, le patron des alchimistes, lui avait donné sa bénédiction. Il connaissait maintenant le secret des secrets : comment, à partir de la *materia prima*, la matière première, séparer le soufre du mercure des philosophes et régler le fourneau pour obtenir la Pierre philosophale.

Quelle fut la joie de Dame Pernelle en voyant revenir son époux, le visage buriné par le soleil d'Espagne et les yeux rayonnants du secret qu'il se hâta de lui révéler ! S'étant rendu dans l'église toute proche consacrée à saint Jacques de Galice pour remercier l'apôtre, Flamel se remit ardemment à l'ouvrage assisté par sa femme, certain de réussir bientôt le Grand Œuvre. Il dut rapidement déchanter car, après bien des tâtonnements, des échecs et un travail laborieux, il ne lui fallut pas moins de trois ans pour parvenir enfin au but : obtenir la *materia prima*.

L'ayant mise à chauffer dans un matras de verre, ou œuf philosophique, renfermé dans un fourneau spécial nommé athanor, la matière première passa par une série de couleurs et de transformations dont la succession en un certain ordre prévu indiqua à l'alchimiste qu'il était sur la bonne voie. Quand elle passe du gris au noir, elle est alors appelée par les fils d'Hermès « tête de corbeau ». C'est la clef du Grand Œuvre et la première des trois couleurs principales qui caractérisent les trois phases du processus. Un cercle blanc entoure peu à peu la noirceur comme une auréole. Du cercle rayonnent vers le centre des filaments blancs qui envahissent la masse jusqu'à ce que toute trace de noir disparaisse. Dans cet état de blancheur parfaite, la matière porte le nom de « petite pierre » ou « élixir blanc ». Elle change les métaux en argent. En voyant apparaître cette couleur, Flamel s'arrêta à ce stade et, fébrile, il ouvrit l'œuf philosophique pour essayer son élixir. Il en fit la projection sur du mercure qui se transmuta en une demi-livre de pur argent, bien meilleur que celui de la mine. Certain d'avoir enfin amorcé le processus de transmutation, il reprit ce qui lui restait d'élixir blanc et le remit dans l'œuf philosophique pour le parfaire et obtenir la « grande pierre » ou « élixir rouge », la véritable Pierre philosophale, celle qui a la vertu de changer les métaux en or. La matière passa par les couleurs de l'iris ou de l'arc-en-ciel, puis par le jaune orangé et, enfin, la couleur pourpre. Flamel prit alors la matière au rouge, et en ayant enveloppé un fragment dans de la cire, il projeta le tout sur du mercure chauffé dans un creuset qui se transmuta en autant d'or pur. Flamel et Pernelle, l'alchimiste et sa Dame, sa parèdre, côte à côte, œuvrant inlassablement devant leur fourneau, unifiant la lune et le soleil, harmonisant le féminin et le masculin, n'avaient pas cessé de prier en travaillant. C'est le sens profond du *lab-oratoire*. Et dans la résonance de la langue des oiseaux, on entend aussi *laborare*, travailler, labourer, creuser la terre, évoquant ainsi le terreau, l'humus, le compost, le champ des étoiles que le pèlerin de Compostelle, *Campus stellarum*, devient en cheminant humblement sur la terre.

Dans l'athanor de leur corps, au creuset de leur cœur, le mari et sa femme avaient purifié leurs âmes. C'est peut-être là le véritable secret de la transmutation, de la longévité…

Là où d'autres auraient produit des monceaux d'or pour se livrer sans frein à toutes les extravagances de leurs caprices, se complaire dans le luxe et obtenir du pouvoir, mettant par la puissance de la richesse le monde à leurs pieds, le couple continua à vivre modestement. Il fabriqua de l'or dans le plus grand secret et l'utilisa sans ostentation au fil du temps. Non pour satisfaire ses désirs mais pour faire la charité, par pure compassion.

En ces temps troublés par l'interminable guerre de Cent Ans, la peste noire, le conflit entre les Armagnacs et les Bourguignons, les pauvres, les orphelins, les malades, les infirmes étaient légion. Avec la fortune ainsi acquise, Flamel et sa femme firent non seulement quotidiennement des dons aux pauvres mais réussirent à fonder ou restaurer quatorze hôpitaux et hospices à Paris, dont les Quinze-Vingts et la maison sise au 51 rue de Montmorency qui servait d'asile pour les pauvres. Ils firent aussi bâtir tout de neuf trois chapelles, restaurer ou enjoliver sept églises avec leurs cimetières. Sur une arcade du cimetière des Innocents, Flamel fit représenter des figures allégoriques qui ont à la fois un message théologique mais aussi un sens caché que seuls les fils d'Hermès peuvent déchiffrer. Un lion ailé, des anges, une scène de résurrection, deux dragons combattant. Les deux dragons, l'un ailé et l'autre pas, sont pour le profane les démons ou les péchés entremêlés et difficiles à chasser. Pour les initiés, ce sont les deux principes essentiels du Grand Art alchimique que Flamel a eu tant de mal à obtenir et qu'il a voulu laisser comme indice de sa découverte de la Pierre philosophale. Il l'écrira aussi dans un poème :

Ces deux spermes-là, sans doubtance,
Sont figurez par deux dragons,
Ou serpens pires, se dict-on :
L'un ayant des ailes terribles,
L'autre sans aile, fort horrible.
Le dragon figuré sans aile,
Est le soulphre, la chose est telle,
Lequel ne s'envole jamais
Du feu, voilà le premier mets.
L'autre serpent qui ailes porte,
C'est argent vif, que vent emporte,
Qui est semence féminine,

Faicte d'eau & terre pour mine.
Pour tant au feu point ne demeure,
Ains s'envole quand veoit son heure

Le dragon du dessous, sans ailes, c'est le fixe, ou le mâle ; celui qui est au-dessus, ailé, c'est le volatil, la femelle. Le premier, chaud et sec, est appelé soufre. Le second, froid et humide, vif-argent. Ce sont le soleil et la lune de source mercurielle. *Solve et coagula*, il faut apprendre à les séparer pour mieux les réunir.

Quant à Nicolas Flamel et Dame Pernelle, ils se seraient éteints à un âge avancé, signe pour l'époque d'une grande longévité. L'élixir de longue vie y serait-il pour quelque chose ?!...

C'est ici que commence la légende du plus célèbre alchimiste parisien. Une mystérieuse histoire qui n'en finit pas de défrayer la chronique puisque régulièrement certains prétendent l'avoir croisé dans les rues de Paris en compagnie de sa femme plusieurs siècles après !

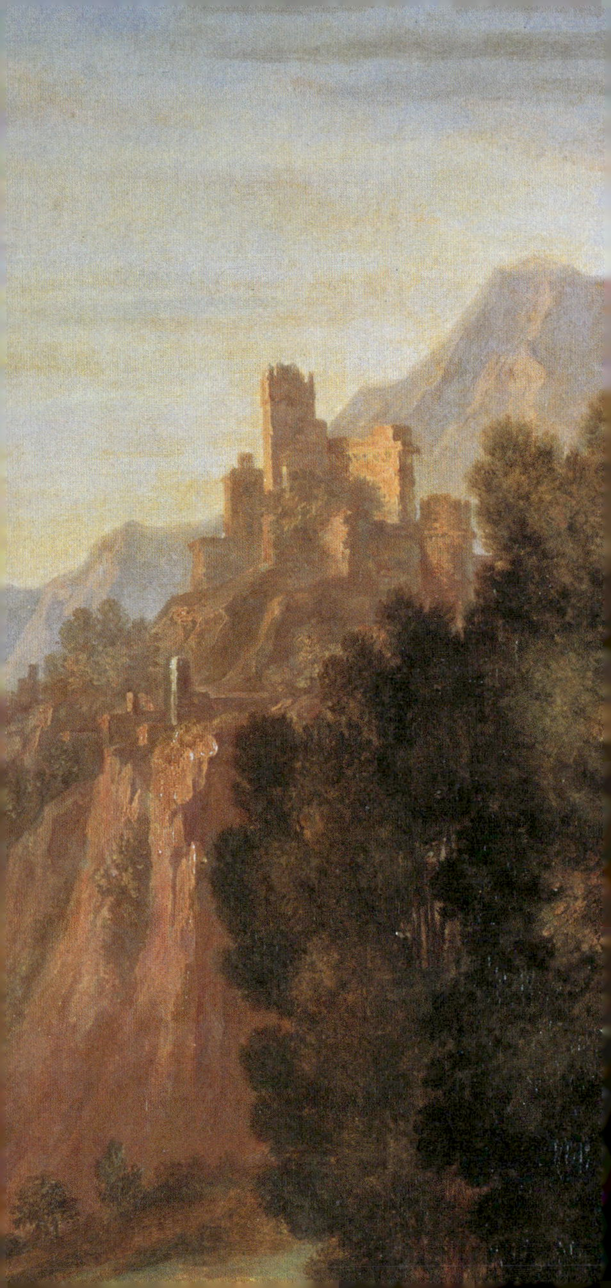

Les quatre Voies

Les Noces alchymiques, II

À peine avais-je pénétré dans la forêt qu'il me sembla que le ciel entier et toute la nature célébraient les noces à venir. Les jeunes cerfs bondissaient joyeusement et les oiseaux gazouillaient gaiement. Je me mis aussi à chanter à tue-tête et ma voix se mêla à cette symphonie champêtre. Arrivé dans une prairie, je vis trois beaux cèdres qui projetaient une ombre bienfaisante. Je m'approchais des arbres pour me reposer un peu quand j'aperçus un écriteau fixé à l'un des troncs :

Étranger, salut ! Si tu es venu pour les Noces Royales, le Fiancé t'offre le choix de quatre routes par lesquelles tu pourras parvenir en son palais, à condition de ne pas t'écarter de la voie choisie. La première est courte, mais très dangereuse car pleine d'obstacles. La seconde, plus longue, les contourne, elle est plane et facile si à l'aide de l'aimant tu gardes la bonne direction. La troisième est en vérité la Voie Royale, avec divers plaisirs et spectacles agréables, mais beaucoup s'y perdent. La quatrième est ardente, aucun homme ne peut la parcourir à moins de se forger un corps incorruptible. Choisis donc l'une de ces quatre Voies et suis-la avec constance. Sache qu'en vertu d'une Loi immuable, nul ne peut revenir en arrière sain et sauf.

À cette lecture, ma joie se dissipa. Quelle route choisir ? Ne valait-il pas mieux renoncer à ce voyage ? Tiraillé par la faim, je pris mon pain et le coupai. Une colombe, blanche comme la neige, se posa à mes côtés. Je partageai mon repas avec elle. Mais un corbeau s'abattit sur elle pour s'emparer de sa nourriture. Elle n'eut d'autre ressource que de fuir les coups de bec et les oiseaux voletèrent vers le sud. Je poursuivis l'insolent volatile noir qui continuait de tourmenter sa victime et parcourus ainsi, sans y prendre garde, presque une centaine de pas. Je chassai le malotru et permis à la colombe de s'envoler à tire d'aile. À ce moment seulement, je me rendis compte que j'avais pris l'une des quatre Voies. Ayant laissé ma besace et mon pain au pied de l'arbre, je voulus retourner en arrière mais le vent me fouetta avec tant de violence que je fus projeté à terre. Dès que j'opérai un demi-tour, le vent s'arrêta. Je poursuivis donc sur cette route. Grâce à ma boussole, que j'avais heureusement gardée sur moi, je ne perdis pas mon chemin. À la tombée de la nuit, j'aperçus un portail splendide orné de sculptures. Tout en haut le fronton portait ces mots : LOIN D'ICI ÉLOIGNEZ-VOUS, PROFANES. Un gardien vêtu d'un habit bleu ciel vint à ma rencontre et me demanda ma lettre d'invitation. L'ayant examinée, il me dit :

– Bienvenue, cher frère ! Vous êtes notre hôte.

Puis il me tendit une lettre cachetée pour le gardien suivant. Le chemin qui conduisait au château était bordé de beaux arbres fruitiers. Une lanterne était suspendue à un tronc sur trois. Malgré le crépuscule, j'arrivai à la deuxième porte. Sur le fronton, on lisait : DONNEZ ET L'ON VOUS DONNERA. Un lion féroce, enchaîné sous cette porte, se dressa dès qu'il m'aperçut et tenta de bondir sur moi en rugissant. Il réveilla ainsi le second gardien qui était couché sur une dalle en marbre. Celui-ci chassa le lion, prit la lettre et s'inclina profondément tout en me présentant un insigne et me demanda si j'avais quelque chose à lui donner en échange. Ne possédant plus rien que mon sel, je l'offris au gardien qui me donna une médaille où étaient gravées deux lettres : S. M., ce qui signifiait sans doute Sels Mercuriels ou Sel Menstruel. Une cloche retentit dans le château. Le portier me pressa de courir car on commençait déjà à éteindre toutes les lumières. En effet, pendant que je me précipitais, l'obscurité se faisait derrière moi. Je franchis le troisième portail alors que les portes se refermaient. Le bas de mon vêtement fut pris dans la mâchoire des vantaux et je dus l'abandonner.

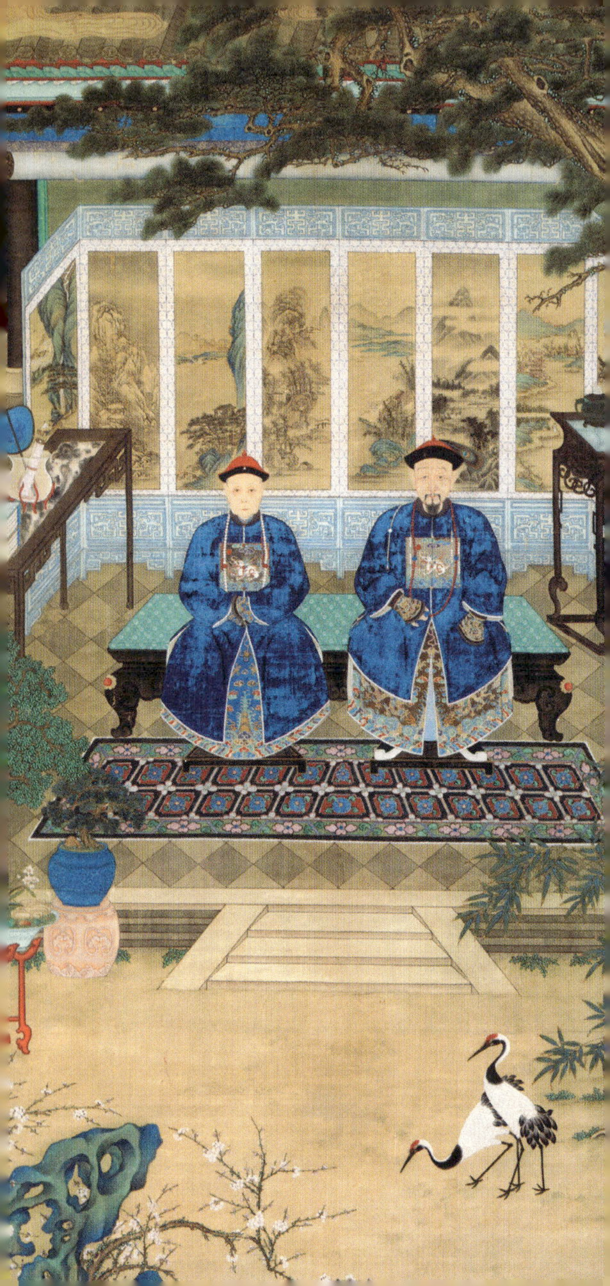

Un secret bien gardé

Un couple de taoïstes s'adonnait à des recherches alchimiques. Le mari avait initié sa femme à sa passion : la quête de l'élixir de longue vie et de l'art de la transmutation. Il lui avait montré ses livres, prêté ses ustensiles pour qu'elle s'exerce aussi et qu'ils puissent partager le fruit de leurs expériences. Comme le laboratoire, installé dans une petite dépendance, était exigu, il était malaisé d'y travailler à deux et ils y œuvraient donc le plus souvent à tour de rôle.

Le couple partageait régulièrement les découvertes que chacun faisait. Il ressortait de leurs conversations et des résultats de transmutation que la disciple avait dépassé son maître de mari. Au début, il mit cela sur le compte de ses talents de cuisinière. Elle avait un don pour manipuler les ustensiles, doser les ingrédients, garder le fourneau à bonne température. Rien n'échappait à sa vigilance. Mais, peu à peu, notre alchimiste en prit ombrage car son épouse réussissait des opérations délicates qu'il ne parvenait pas à reproduire. Il finit par soupçonner qu'elle lui cachait certaines de ses trouvailles. Il entreprit alors de l'espionner.

Un soir, caché dans le bosquet de bambous qui poussait devant la fenêtre du laboratoire, l'alchimiste aperçut une lueur dorée dans les mains de sa femme.

Le lendemain, il lui demanda si elle n'avait pas fait une nouvelle découverte. Comme elle répondit qu'il lui semblait qu'elle pourrait bientôt mettre au point la production du cinabre mais que cela n'avait pas encore abouti, il s'écria :

– Tu as trouvé la formule exacte et tu la gardes pour toi ?! Quelle ingratitude ! Dire que c'est moi qui t'ai tout appris !

Donne-la-moi que je puisse aussi l'essayer. La femme lui répondit d'une voix douce mais ferme :
– Je t'ai déjà dit tout ce que je pouvais te dire. La recette ne suffit pas. C'est comme la cuisine, en plus des ingrédients et du tour de main, l'énergie qui anime le cuisinier est déterminante pour réussir le plat. Le grand art consiste à laisser le Vide œuvrer en soi. Si ton cœur n'est pas pur, le Tao ne peut agir.

Un secret est d'autant mieux gardé
qu'il ne peut pénétrer
le cœur de celui qui veut s'en emparer !

Le taoïste, vexé et dévoré par la jalousie, décida de découvrir le secret de sa femme à tout prix. Il essaya par la douceur, les intimidations, les cadeaux, les menaces. Rien n'y fit. L'alchimiste déconfit ne savait plus quoi tenter. Il demanda conseil à un ami très doué en affaires, un marchand aisé qui s'était considérablement enrichi par des moyens peu scrupuleux et, qui plus est, avait une épouse et cinq concubines. Quelqu'un de toute évidence très doué pour manipuler ses semblables et qui savait y faire avec les femmes. Celui-ci lui suggéra d'empoisonner son épouse et de ne lui donner l'antidote qu'en échange de son secret.

Le mari mit ce conseil d'ami à exécution. Après avoir fait boire à sa femme un thé empoisonné, il exprima son odieux chantage. Elle éclata de rire et déclara :

– Mon pauvre ami, tu as raté ton coup ! Sache que je ne crains rien car je viens de mettre au point des pilules d'immortalité. J'en gardais une pour toi, attendant que tu transmutes, au creuset de ton cœur, le plomb de ta jalousie en de plus nobles sentiments. Mais tu es tombé bien bas ! Il ne serait pas bon que tu deviennes immortel dans cet état et que les poisons qui souillent encore ton âme se cristallisent en toi ! Je n'ai plus rien à faire avec un démon de ton espèce !

Elle ouvrit une boîte et avala une pilule de cinabre. Il bondit vers elle pour s'emparer du coffret, mais elle sauta par la fenêtre, enfourcha un rayon de lune et chevaucha le vent.

L'alchimiste poussa un cri, sauta par la fenêtre et courut après sa femme, la poursuivit dans les rues pendant qu'elle s'envolait par-dessus les toitures. Il hurlait, gesticulait, trépignait. Elle avait disparu derrière les paravents de jade des nuages scintillant dans la lumière de l'astre nocturne. On l'apercevait encore en ombre chinoise projetée sur l'écran nuageux.

Les voisins furent réveillés par les hurlements. Comme ils sortirent pour faire cesser ce tapage nocturne, l'infortuné alchimiste leur hurla au visage que sa femme s'était envolée avec sa pilule d'immortalité. Et il vociféra de plus belle :

– Regardez là-haut, cette ombre dans les nuages, c'est elle ! Donnez-moi un arc, des flèches, elle ne doit pas s'échapper !

Enragé, l'homme s'en prit alors aux voisins.

CONTES DES SAGES ALCHIMISTES

Il fallut trois hommes pour le maîtriser. Incapable de se calmer pour autant, on finit par l'enfermer chez les fous.

Le banquet des philosophes

Les Noces alchymiques, III

Après le troisième portail, le gardien me chaussa de souliers neufs pour fouler le sol du palais entièrement dallé de marbre. Deux pages tenant des flambeaux me conduisirent à travers une infinité de couloirs, de portes et d'escaliers jusqu'à une grande salle. Une foule de convives s'y pressait. Parmi eux : des empereurs, des rois et des princes, des nobles et des roturiers, des riches et des pauvres. Des trompettes invisibles sonnèrent l'heure du repas. Alors chacun s'empressa de se placer selon le rang auquel il croyait avoir droit ; si bien que d'autres pauvres gens et moi eûmes beaucoup de peine à trouver une petite place à la dernière table. Les deux pages entrèrent et récitèrent d'admirables prières cependant que quelques grands seigneurs n'y prêtaient aucune attention et riaient entre eux.

Le repas fut servi. Quoiqu'on ne pût voir personne, les plats étaient si promptement présentés qu'il semblait que chaque convive avait son propre valet invisible. Lorsque ces beaux messieurs furent rassasiés et que le vin leur eut ôté toute retenue, ils se vantèrent et prônèrent leur puissance. Ils prétendaient pouvoir accomplir des actes surnaturels. L'un voulait conquérir la Toison d'or, l'autre tuer le Cerbère tricéphale gardien des Enfers pour libérer tous les damnés. Chacun divaguait à sa manière. La folie des grands de ce monde était telle qu'ils finirent par croire à leurs propres mensonges et leur vantardise ne connut plus de bornes. Un autre encore prétendait entendre la musique des sphères célestes ; un quatrième danser avec les *Idées platoniciennes* ; un cinquième compter les *Atomes de Démocrite*. Il y en avait un aussi qui affirmait voir les valets invisibles autour de nous quand, soudain, l'un d'eux lui appliqua un tel soufflet sur sa bouche menteuse qu'il tomba à la renverse et demeura muet comme une carpe.

À ma grande satisfaction, tous ceux qui m'entouraient gardaient le silence ou parlaient sans élever la voix car ils se considéraient tout à fait indignes d'être invités aux noces. Mon voisin était un homme posé et de bonnes manières ; après avoir causé de choses très sensées, il me dit enfin :

– Crois-moi, mon frère, il arrivera un temps où l'on ôtera les masques !

Le tumulte devint de plus en plus violent jusqu'au moment où retentit une sonnerie de trompettes doublée d'un roulement de tambours. La porte s'ouvrit d'elle-même et entrèrent les deux pages portant des flambeaux ; ils précédaient une jeune femme de grande beauté portée sur un siège d'or. Elle était vêtue d'une robe blanche comme

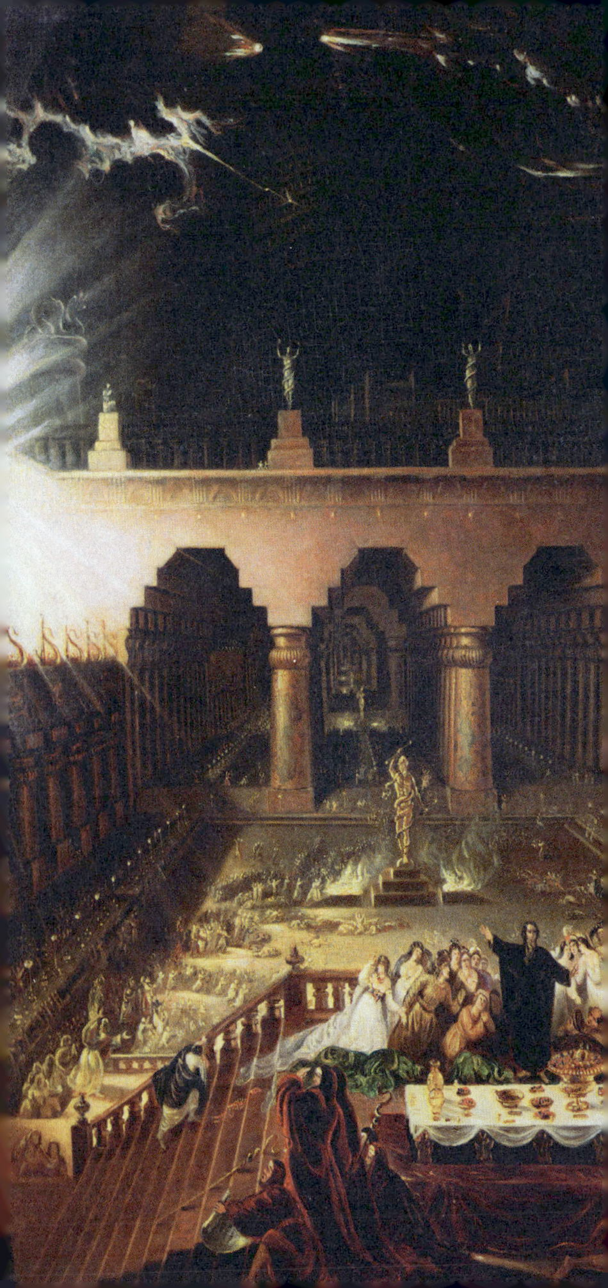

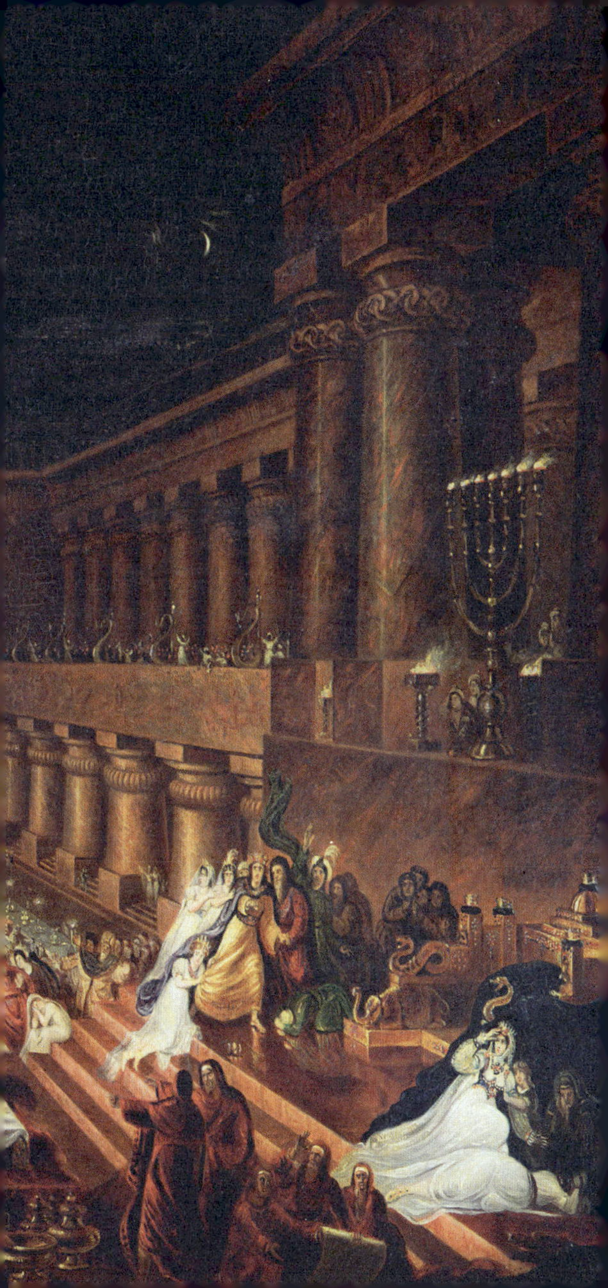

la neige, rehaussée de fils d'or étincelants. Elle s'inclina et déclama d'une voix adorable :

Mon gracieux seigneur, le roi,
Ainsi que sa très chère fiancée,
Ont vu votre arrivée
Avec une grande joie.
Afin que le bonheur de leurs noces
    futures
Ne soit entaché d'affliction aucune.
Mes maîtres ne veulent pas croire
Que quelqu'un soit assez imprudent,
Pour se présenter sans s'être
    humblement
Dépouillé de toute prétention déloyale.
Pour qu'aucun imposteur
Ne puisse donner le change
On installera pour demain
L'infaillible balance.
Alors, on saura facilement
qui vaut son pesant d'or.
Si quelqu'un dans cette foule, à présent,
N'est pas sûr de lui entièrement,

*Qu'il s'en aille vivement ;
Car s'il advient qu'il reste ici,
Toute grâce sera perdue pour lui.
Et demain il sera châtié.
Mais que celui dont le cœur
Est sincère, suive son serviteur
Qui lui montrera sa chambre.
Qu'il s'y repose cette nuit
Avant le jugement de la balance.*

Dès que la jeune femme eut terminé son discours, les trompettes sonnèrent de nouveau et elle se retira. La plupart des convives, se croyant dignes, décidèrent à tenter l'épreuve de la balance et chacun accompagna son serviteur. Je pris le parti de demeurer dans la salle car je me jugeais encore trop indigne de les suivre. Nous restions neuf compagnons dont mon voisin de table. L'un des pages arriva chargé de cordes et il nous attacha puis éteignit les lumières. Épuisés par le voyage, nous nous endormîmes.

Un singe diablement immortel !

Une curieuse créature fit un jour son apparition en Chine sur le mont des Fleurs et des Fruits. Elle avait l'allure d'un singe, était particulièrement dégourdie, maligne et ne tarda pas à devenir le roi des macaques qui peuplaient cette contrée sauvage. Certains prétendent que ce primate aurait quelque chose de surnaturel car il serait né d'un œuf de pierre qu'un rocher aurait accouché en étant fendu par la foudre. Cette roche aurait été fécondée par une goutte de sang du Bouddha qui se serait écorché en l'escaladant, là où une guenon s'était auparavant frotté le derrière. Rien que ça ! Le roc aurait été lui-même travaillé pendant des siècles par les *Ba Gua*, les huit trigrammes élémentaires qui représentent toutes les combinaisons possibles du Yin et du Yang dans la nature : Ciel, Terre, Vent, Tonnerre, Feu, Eau, Montagne, Lac. Une curieuse alchimie en vérité qui donna naissance à cet être hors du commun. Toujours est-il que ce souverain simiesque, qui avait pris pour Premier ministre un singe savant ayant fréquenté les humains, s'attacha à les imiter en tout point. À force de voyager incognito parmi eux sous divers déguisements, comme il était extrêmement doué, il apprit même à parler, à lire et à écrire les dix mille idéogrammes de la langue chinoise. Afin de lutter contre l'intrusion de chasseurs, de braconniers et de bûcherons qui détruisaient sa forêt et décimaient son peuple, le roi des singes s'initia également aux arts martiaux dont il devint un prodigieux expert. Il les enseigna aux siens et déroba même l'arsenal de la Cité interdite afin de les équiper.

Rebelle dans l'âme, croquant la vie à pleines dents et aussi avide d'en comprendre le sens, le primate prodigieux étudia les classiques. D'autant plus quand il vit vieillir et mourir ses proches et quand il découvrit qu'il avait lui-même des poils blancs. Dans ses lectures, il était question de taoïstes qui avaient atteint l'Immortalité. Incapable de se résigner à la fatalité, le Roi Singe décida de partir en quête du secret de la vie éternelle. Au cours de ses pérégrinations, il entendit parler d'un sage qui enseignait la Voie des Immortels à quelques disciples triés sur le volet. Il avait élu domicile sur le mont Terrasse du Cœur, dans la grotte des Trois Étoiles. Notre extraordinaire macaque fut admis à l'école du maître Subhuti à condition qu'il balayât la caverne, entretînt le jardin et fît office d'aide-cuisinier. Le roi des singes accepta humblement de se plier à ces besognes de serviteur afin de pouvoir apprendre le fameux secret.

Six ou sept ans passèrent ainsi sans que le novice se plaignît de son sort. Il assistait de temps en temps aux enseignements du patriarche, apprenait à méditer, étudiait

les textes sacrés tout en s'appliquant à ses tâches manuelles. Un jour, alors que le maître particulièrement inspiré donnait de sublimes explications sur la Voie, on vit des fleurs célestes tomber du ciel, des lotus dorés jaillir de la Terre et des perles précieuses couler de sa bouche. Le Roi Singe en était si ravi qu'il sautillait tout en se tirant les oreilles et en se grattant sous les bras. Le patriarche le remarqua et lui dit :
– Eh bien, coquin de macaque, te voilà redevenu complètement animal à sautiller ainsi !
– Vos paroles merveilleuses, maître, m'ont rendu si heureux que j'ai commencé à m'agiter sans me rendre compte de ce que je faisais. Veuillez me pardonner.
– Si tu comprends vraiment mes propos, il est peut-être temps que tu ailles plus en avant sur la Voie. Veux-tu apprendre la magie ?
– Peut-on devenir immortel de cette façon ?
– Non, pas vraiment, juste prolonger un peu sa vie.
– Ça ne m'intéresse pas alors, s'exclama le

Roi Singe. Je n'ai pas de temps à perdre!
– Veux-tu apprendre les postures du yoga?
– Rester immobile sur un pied ou la tête à l'envers? Ça doit être ennuyeux à la fin. C'est efficace?
– C'est comme mettre un pilier de bois qui soutient un toit. Si la terre est humide, le pilier pourrit.
– Si je comprends bien, c'est du provisoire cette immortalité-là!
– Veux-tu essayer l'ascétisme? Cela implique de se retirer complètement du monde, de rester chaste, de jeûner, de prendre des bains glacés…
– On ne risque pas de tomber malade à ce régime-là?
– Eh bien, c'est comme des poteries d'argile qui sèchent au soleil, s'il pleut, le travail est détruit!
– Il y a aussi la récitation d'un mantra en fixant son esprit sur la visualisation d'une déité toute la journée.
– Ça ne risque pas de provoquer des idées fixes?

– C'est un peu comme vouloir s'emparer du reflet de la lune dans l'eau !
– Mais alors, maître, quel est le véritable secret de l'Immortalité ?
– Ah, tu m'agaces à la fin, fieffé macaque, tu refuses tout ce que je te propose ! Tu mérites une correction !

Le sage leva sa canne et donna trois coups sur la tête du singe et un coup sur ses fesses. Puis, visiblement furieux, il se retira dans ses appartements troglodytes. Les autres disciples reprochèrent vertement au macaque d'avoir fâché le maître. Notre Roi Singe se demanda pourquoi le Vénérable s'était emporté de la sorte. Cela ne lui ressemblait guère. Il finit par penser que c'était peut-être un message secret. Trois coups sur la tête ?!... La troisième veille ! Un coup sur les fesses ?!... La porte de derrière ! Il lui donnait rendez-vous au cœur de la nuit pour un entretien privé afin de lui transmettre le secret et il fallait qu'il passe par la porte de derrière !

Le Roi Singe souriait intérieurement,

se gardant bien de partager sa trouvaille. Il supporta les insultes de ses condisciples sans un mot. Au crépuscule, il se coucha comme tous les autres, fit semblant de dormir et, à la troisième veille, il se leva sans un bruit. Il se rendit aux appartements du maître en passant par la porte de derrière. Celle-ci était entrouverte et il y avait de la lumière.

– Entre, dit le patriarche, je t'attendais. Bravo, tu as décodé mon message. Je vais te révéler le secret de la forge d'un corps de jade. Les autres ne doivent pas le savoir car ils ne sont pas encore mûrs et ils pourraient en prendre ombrage. La jalousie est un poison très répandu. Cette expérience demande tout d'abord de se purifier pour transmuter le négatif en positif, d'allumer des feux sous les chaudrons afin de faire couler les humeurs subtiles, d'affiner les élixirs selon les formules, de produire et de consommer du cinabre rouge.

– Pardonnez-moi, maître, ce jargon alchimique m'est encore très hermétique !

– Voici quelques précisions. Ton corps est un atelier de forge. Il y a en toi un creuset pour faire fondre les cinq éléments des cinq organes et créer un nouvel alliage afin de forger un corps de diamant. Le nombril est le chaudron inférieur, les soufflets sont les poumons, le feu est dans le cœur, l'eau dans les reins. Mais attention : gare à celui qui n'aura pas suffisamment purifié l'alliage. Si la moindre scorie d'orgueil ou d'avidité égoïste y est cristallisée, il s'ensuivra de grands malheurs !

À partir de ce jour, le Roi Singe s'exerça au *neidan*, l'alchimie interne. L'esprit en éveil, il régulait sa respiration et pratiquait ses exercices de qigong. Après trois ans, son corps lui était devenu si léger et lumineux, tellement rempli de qi, d'énergie subtile, qu'il était transmuté. Il pouvait même léviter, chevaucher les nuages et voler avec les grues.

Le patriarche le convoqua à nouveau en secret dans ses appartements.

– Si tu t'es forgé un corps de jade, tu dois

maintenant te méfier des Trois Désastres Célestes.

– Maître, que puis-je craindre si mon corps est aussi éternel que le Ciel, si les maladies, le feu et l'eau ne peuvent l'atteindre ?

À cela, le Patriarche répondit :

– Je ne t'ai pas enseigné la Voie ordinaire. C'est un enseignement accéléré qui implique de dérober le secret même de la création du Ciel et de la Terre. Une fois l'élixir d'or fabriqué, les démons et les esprits célestes ne peuvent pas le tolérer. Dans cinq cents ans, le Ciel te frappera d'un coup de foudre. Il faudra être vigilant pour y échapper. Si tu réussis à l'éviter, cinq cents ans plus tard, le Ciel t'enverra un feu interne qui te consumera de l'intérieur. Encore cinq cents ans plus tard, un vent démoniaque soufflera sur toi. Il passera à travers le sommet de ton crâne pour traverser tes cinq organes et ton champ de cinabre sous ton nombril pour ressortir par tes neuf orifices. Ta chair et tes os seront calcinés et ton corps se désintégrera.

– Mais, Vénérable, votre méthode n'est donc pas infaillible. Il n'y a pas de remède ?
– Pour éviter ces trois malheurs, je vais t'enseigner les soixante-douze moudras, les passes magiques qui permettent de se métamorphoser en autant d'apparences. Ainsi, le Ciel ne pourra pas te reconnaître.
Le Roi Singe pratiqua en secret les soixante-douze transformations jusqu'à les maîtriser parfaitement. Il pouvait ainsi prendre toutes sortes de formes.

Un jour que ses condisciples se moquaient de lui, le traitant de macaque ignare, d'animal sauvage incapable de faire des progrès spirituels, le Roi Singe ne put se retenir de se métamorphoser en pin sylvestre pour leur clouer le bec ! Les autres poussèrent des cris et applaudirent. C'est alors que le Vénérable arriva et demanda la cause de tout ce tapage et, avec son troisième œil, il vit la véritable identité de l'arbre !

– Fieffé macaque ! Je t'avais pourtant demandé de ne pas montrer tes pouvoirs aux autres et de ne pas les utiliser pour épater la galerie ! Décidément, tu as gardé une pointe d'orgueil dans ton corps de jade et cela ne présage rien de bon ! Tu n'as plus ta place ici. Et ne dis à personne qui t'a transmis le secret de l'Immortalité, j'aurais trop honte !

Le Roi Singe reprit sa forme véritable de primate et quitta les lieux, dépité. Il retourna sur le mont des Fleurs et des Fruits et gouverna sagement son peuple. Des chasseurs, des braconniers et des bûcherons, des démons et des mauvais esprits redoutables avaient profité de son absence pour hanter la forêt. Le souverain eut du mal à expulser de son royaume bucolique tous ces envahisseurs, surtout que certains esprits malfaisants avaient de grands pouvoirs. Plusieurs de ses armes furent brisées dans les combats et il décida d'en trouver une à sa mesure. Il avait entendu parler du fabuleux trésor du Roi Dragon de l'océan de l'Ouest. Il décida donc d'aller faire un tour dans son palais sous-marin. Il y déroba une immense barre d'acier trempé qui avait servi à aplanir le fond de l'océan, non sans malmener les gardes aquatiques qui le pourchassaient et non sans dégrader au passage le palais de nacre et de cristal.

Le Roi Dragon fit un rapport à l'Empereur Céleste qui gouverne l'univers pour se plaindre d'un démon à tête de macaque. Quand le Roi Singe fut emmené à son corps défendant dans les territoires et départements d'Outre-Tombe, convoqué par le Tribunal des Morts, il cria à l'erreur judiciaire car il était immortel ! Quand le greffier infernal lui montra le Registre où son nom et la date de son décès figuraient, le prévenu arracha la page, l'avala, ainsi qu'une bonne partie du chapitre de ses congénères qui eurent ainsi une longue vie. S'étant enfui en faisant tournoyer sa masse de fer, réduisant en bouillie nombre de gardiens démons infernaux, le Roi Singe retourna sur sa montagne.

Un second rapport fut transmis à l'Empereur de Jade qui envoya son armée céleste s'emparer du forcené. Les combats firent rage, mais le Roi Singe resta insaisissable et provoqua de gros dégâts dans les troupes impériales. Alors le ministre de l'Intérieur, l'Esprit de l'Étoile polaire, proposa d'inviter ce prétendu Immortel au Ciel et de lui confier un poste de mandarin qui l'apaiserait et permettrait de le garder à l'œil ! L'Esprit de l'Étoile polaire fut donc missionné pour descendre sur le mont des Fleurs et des Fruits afin de remettre la convocation officielle. Le Roi Singe se sentit très honoré d'une telle invitation à rejoindre l'administration céleste. Il fut reçu en grande pompe dans le Palais de Jade par l'Empereur en personne qui lui conféra le titre ronflant de Grand Sage Égal du Ciel et le nomma Maître Suprême des écuries impériales. Il s'attela à sa tâche avec beaucoup de zèle jusqu'au jour où des fées se moquèrent de lui en le traitant de palefrenier. Notre Écuyer en chef en prit ombrage et s'ouvrit de sa déception au ministre qui l'avait fait monter au Ciel. Alors celui-ci lui obtint

le poste de Gardien suprême des Vergers célestes. Un poste très important car personne ne devait voler les pêches d'immortalité qui étaient exclusivement réservées aux banquets des Immortels. Les plus méritants, ceux qui avaient rendu de grands services à la gouvernance cosmique, étaient spécialement invités à ces fêtes paradisiaques où l'on pouvait boire aussi de l'ambroisie et du nectar divin. De quoi perfectionner son corps de jade et renforcer ses pouvoirs magiques...

Il y a souvent des impairs commis par l'administration, même divine ! Le Roi Singe n'était pas complètement délivré du péché de gourmandise et il ne put s'empêcher de goûter aux pêches d'immortalité qu'il trouva absolument délicieuses ! Il en fit une orgie. Quand le pillage fut constaté, le jardinier en chef fut convoqué au Palais de Jade. Sentant les ennuis venir, notre primate fonctionnaire jeta ses insignes impériaux et prit la poudre d'escampette. Il emprunta la Voie lactée pour regagner son nuage qui était garé en contrebas. En chemin, il passa devant le laboratoire alchimique de Lao Tseu. Celui-ci n'était pas gardé car il n'y a pas de voleurs au Ciel et le Roi Singe, piqué par la curiosité, entreprit de le visiter. Il y avait un fourneau, des creusets, des alambics, des jarres pleines d'ambroisie et des bocaux remplis de pastilles rutilantes comme des bonbons. Notre incorrigible macaque ne put s'empêcher d'y goûter. Il trouva ces spécialités célestes particulièrement délicieuses, s'empiffra de pilules de cinabre, tout en buvant goulûment le nectar divin. Il courut en titubant chercher son nuage et y déposa tout ce qu'il put y mettre avant de vider les lieux dans tous les sens du terme.

Ce pillage découvert, un nouveau rapport vint alourdir les charges contre notre Roi Singe qui avait regagné son royaume terrestre. L'Empereur de Jade ordonna que ce satané macaque fût interpellé et neutralisé avant qu'il ne devînt un démon incontrôlable. Toutes les troupes célestes furent mobilisées pour combattre ce redoutable rebelle et elles encerclèrent le mont des Fleurs et des Fruits. Le combat fut titanesque car l'armée des singes, dopée aux pilules de cinabre et à l'ambroisie divine, était devenue elle aussi immortelle et douée de pouvoirs surnaturels.

Er Lang, un héros céleste, neveu de l'empereur et champion d'arts martiaux, donna du fil à retordre à notre singe. Il réussit à le blesser en lui plantant sa lance dans l'épaule lors d'une magistrale passe d'armes.

Aussitôt, il cassa le manche et laissa la pointe plantée dans la chair. Cet alliage alchimique empêcha le Roi Singe de se métamorphoser et de voler dans les airs. Il fut donc fait prisonnier et ramené *manu militari* au ciel.

Le rebelle fut conduit sous bonne garde à la Tour de démembrement des Démons et attaché au Pilier infernal. Les bourreaux célestes tentèrent de le frapper avec des sabres, de le trancher avec des haches, de le percer avec des lances et de le découper avec des épées. En vain ! Aucune arme ne put lui infliger la moindre blessure ! Le ministre de l'Intérieur, l'Esprit de l'Étoile polaire, fut alors sommé de trouver une solution. Il fit appel aux divinités du tonnerre pour foudroyer ce macaque immortel. En vain. Lao Tseu en personne, l'illustre patriarche fondateur du taoïsme, fut appelé à la rescousse par l'Empereur de Jade.

– Majesté, l'affaire est embarrassante. Ce singe démoniaque qui avait déjà mangé tant de pêches d'immortalité a en outre bu tellement d'élixir de longue vie et croqué tant de pilules de cinabre dans mon laboratoire, qu'il est devenu indestructible. Je ne vois qu'un seul moyen de le réduire en cendres : le mettre dans mon four alchimique des huit trigrammes dont je me sers pour affiner mon élixir avec le feu cosmique. L'Empereur de Jade ordonna alors aux gardes célestes de conduire le condamné au laboratoire du grand sage. De crainte qu'il n'y eût un court-circuit dans son four, Lao Tseu retira le morceau de métal planté dans l'épaule du singe. Cet athanor de modèle chinois était composé des huit trigrammes élémentaires : Ciel, Terre, Vent, Tonnerre, Feu, Eau, Montagne, Lac. Les assistants activèrent le fourneau qui produisit une vraie fournaise capable de désintégrer n'importe quelle matière !

Comme le Roi Singe pouvait à nouveau se métamorphoser, il se changea en vent et se réfugia alors dans le trigramme du même nom ! L'air ne pouvant brûler, juste chauffer, notre macaque se retrouva comme dans un bain de vapeur. Le sauna dura quarante-neuf jours. Lao Tseu pensa qu'après avoir passé tout ce temps dans cette fournaise alchimique, le corps immortel du démon simiesque était complètement désintégré. Il souleva le couvercle. Comme un diable qui sort de sa boîte, le Roi Singe bondit aussitôt du four en hurlant, les yeux rougis et larmoyants, et il bouscula tout le monde sur son passage. Le vieux Lao tomba à la renverse, roulant même cul par-dessus tête. Le royal macaque était déchaîné, bondissant partout comme un tigre en furie. Les gardes célestes ne purent le maîtriser. Le forcené décida de récupérer sa masse de fer qui était exhibée dans l'une des cours de la Cité interdite de Jade. Il sauta par-dessus les murailles, s'empara de son arme et fracassa les portes, renversa tripodes et lanternes, éventra les toitures. Le héros Er Lang, nommé depuis sa victoire ministre de la Défense céleste, fit son apparition pour tenter de vaincre à nouveau le démon. Leur duel recommença mais, cette fois, le singe,

rendu fou furieux par ces quarante-neuf
jours de fournaise alchimique, était particulièrement enragé et impossible à maitrîser.
Le duel prit des proportions colossales, les
adversaires enchaînaient sauts périlleux et
métamorphoses, ils se changèrent même en
géants, en dragons, écrasant le Palais de Jade
comme un château de sable. L'Empereur
céleste, réfugié avec sa Cour dans les sou-
terrains stellaires, ne savait plus à quel sage
se vouer depuis la lamentable bévue de Lao
Tseu. Comme dans un billard cosmique, des
planètes et des étoiles s'entrechoquaient et
changeaient de trajectoire sous les coups de
la canne de fer du Roi Singe, risquant de
provoquer un feu d'artifice apocalyptique !
Le souverain céleste avait perdu le contrôle
et il dut se résoudre à faire appel à celui qui
lui avait laissé la gouvernance de l'univers,
avouant ainsi son impuissance. Il envoya
un appel au secours au Bouddha qui s'était
retiré du monde dans le Nirvana. Lumière
éternelle de la Conscience universelle,
le sage d'entre les sages était déjà sorti de

sa méditation car il avait perçu la menace d'une catastrophe intergalactique. Il reprit sa forme de Sakyamuni, quand il s'était incarné sur terre et dans laquelle il est encore prié ici-bas, pour être reconnu du forcené. Effectivement, quand le Roi Singe le vit paraître, avec son sourire lumineux irradiant une infinie bonté, il se calma et le salua avec respect. Peut-être avait-il ressenti une secrète filiation puisque le rocher qui lui donna naissance aurait été fécondé par une goutte de sang du Bouddha?...

– Alors, prodigieux Immortel, quelle est la cause de cette colère qui met en péril l'univers?

– L'Empereur céleste m'a fait monter au Ciel pour me ridiculiser, puis il a envoyé ses troupes qui ont tué beaucoup de mes chers compagnons. J'ai ensuite été enfermé injustement dans le fourneau alchimique du vieux Lao qui a tenté de me désintégrer, moi qui ai suffisamment travaillé sur moi pour mériter de devenir Immortel! Toutes ces injustices et ces abus de pouvoir

de l'administration céleste démontrent l'incompétence de ce vieil empereur qui est devenu sénile. Il est temps que je le remplace !
– N'as-tu pas toi-même commis quelques méfaits par orgueil et gourmandise ?
– Des peccadilles, Vénérable Sage, des péchés mignons comparés à toutes les exactions des fonctionnaires divins ! Je vais remettre de l'ordre dans le gouvernement du monde !
– Bien, ô puissant Roi Singe, faisons un pari !
Et le Bouddha allongea son bras au bout duquel sa main se déploya comme une grande feuille de lotus.
– Monte dans ma paume et si tu es capable d'en sortir pour aller jusqu'aux confins de l'univers, je te ferai monter sur le trône céleste. Sinon, tu seras puni !
– C'est un jeu d'enfant ! s'écria l'orgueilleux macaque.
Et il bondit dans les airs, volant dans l'espace sidéral à la vitesse de la lumière.

Après avoir franchi plusieurs galaxies, il aperçut une grande barrière montagneuse où se dressaient cinq pics infranchissables. Il pensa que c'était la limite de l'univers et il décida d'y laisser sa trace. Il se perça le bout de l'index pour calligraphier avec son sang sur une montagne : le Grand Singe Sage égal du Ciel. Puis, pris d'une envie pressante, il se soulagea au pied d'un autre mont avant de repartir en sens inverse.

De retour dans la main du Bouddha, il s'écria :

– J'ai gagné le pari. J'ai réussi à quitter votre paume et j'ai laissé ma trace à la frontière de l'univers.

– Ah bon, tu as quitté ma main ?!... Retourne-toi et dis-moi qui a écrit son nom sur l'un de mes doigts et uriné sur l'autre ?...

Le singe fit demi-tour et vit avec stupéfaction ses traces dans la paume du sage d'entre les sages.

Alors le Bouddha referma son poing sur lui, ne laissant dépasser que sa tête. Puis il descendit sur terre, plaqua sa main au sol et fit apparaître une montagne où se dressaient cinq pics. Le Roi Singe était emprisonné à l'intérieur du mont des Cinq Éléments, seule sa tête dépassait de cette prison de roche.

– Pauvre singe qui voulais imiter les sages ! Ton immortalité va te permettre de méditer pendant des siècles sur ta conduite et tes actions. Et peut-être qu'un jour tu seras libéré de ton mauvais karma.

Et le Bouddha disparut dans un arc-en-ciel. Le Roi Singe regretta amèrement d'avoir obtenu la vie éternelle car son supplice était sans fin. Il eut le temps de se repentir de son arrogance et ses méfaits. Au bout de cinq siècles, Kouan Yin, la bodhisattva de la Compassion, eut pitié de lui et vint le délivrer à condition qu'il acceptât une tâche sacrée : escorter un moine pour aller chercher en Inde trois précieuses corbeilles de soutras, les saintes écritures boudd-hiques. Mais ça, c'est une autre histoire, celle du *Voyage en Occident*.

L'épreuve de la balance

Les Noces alchymiques, IV

Le jour pointa. Les vaillants candidats à la balance commencèrent à sortir de leur lit et arrivèrent dans la salle. Ils se souhaitèrent mutuellement le bonjour et se moquèrent de nous autres qui étions attachés, nous traitant de poltrons. Retentirent soudain à nouveau les trompettes et tambours. La jeune femme de la veille apparut, vêtue entièrement de velours rouge et ceinte d'un ruban blanc, une couronne verte de laurier sur son front. Sa suite était formée d'environ deux cents hommes armés, tous vêtus de rouge et de blanc, comme elle.

La balance, tout en or, fut suspendue au centre de la salle ; à côté d'elle, on disposa une petite table portant sept poids. Puis la maîtresse de cérémonie se tourna vers les hommes armés et les divisa en sept sections ; elle choisit un garde dans chaque section pour poser les poids sur la balance, puis elle rejoignit son trône surélevé.

Un page invita ceux qui devaient tenter l'épreuve à se placer suivant leur rang et à monter l'un après l'autre sur le plateau de la balance. Aussitôt, l'un des empereurs, vêtu d'un habit luxueux, se décida. Alors chaque préposé posa son poids dans l'autre plateau et l'empereur résista à l'étonnement de tous. Toutefois, le dernier poids fut trop lourd pour lui et le projeta presque dans les airs dans un éclat de rire général. Après lui vint un autre souverain qui se campa fièrement sur la balance ; comme il cachait un gros livre sous son vêtement, il se croyait bien certain d'avoir le poids requis. Le quatrième poids le souleva sans crier gare et sans merci. Effrayée, Son Altesse laissa échapper son livre, ce qui provoqua l'hilarité. Il fut donc lié et confié à la garde de la troisième section. Plusieurs monarques et princes de sang lui succédèrent et connurent le même sort. Après eux s'avança un roi de petite taille, portant une barbiche brune et crépue. Les poids ne purent le soulever. Alors la maîtresse de cérémonie se leva vivement, s'inclina devant lui et lui fit mettre un vêtement de velours rouge ; elle lui donna en outre une branche de laurier et le pria de s'asseoir sur les marches de son trône.

Vint le tour des nobles, des prêtres, des savants et autres adeptes alchimiques. La balance révéla qu'il y avait parmi eux une majorité de prétentieux, de fourbes, de faiseurs, d'imposteurs, de souffleurs de néant dans du vide. Ils ne résistèrent pas longtemps à la pesée et furent chassés de la balance à coups de fouet. De cette grande foule, un nombre ridicule subsista. Quand tous furent passés par cette épreuve, un capitaine s'avança et dit tout en nous désignant :

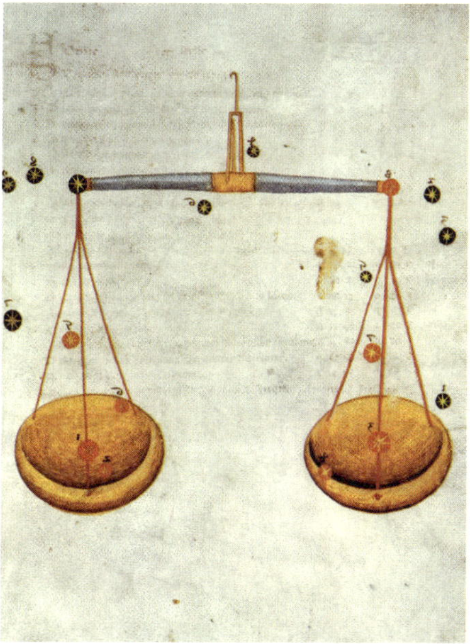

– Madame, s'il plaisait à Votre Grâce, on pourrait peser ces pauvres gens qui avouent leur inaptitude. Peut-être trouverait-on parmi eux quelques justes qui s'ignorent ? Les prisonniers plutôt ravis d'avoir échappé au fouet furent finalement déliés à leur corps défendant et posés l'un après l'autre sur la sellette. La plupart échouèrent mais ne furent pas fouettés. Mon voisin et moi, ayant réussi l'épreuve, nous reçûmes le costume et les attributs des élus.

Ceux qui avaient échoué à l'épreuve de la balance reçurent des sanctions à la hauteur de leur prétention et de leur inconduite au cours du banquet. Certains furent chassés du palais sans ménagement, d'autres dévêtus et fouettés jusqu'au sang. Seuls ceux qui avaient reconnu leur indignité furent priés de sortir sans être maltraités. Les élus furent invités à un autre banquet. La table était recouverte de velours rouge et les coupes en argent étincelaient. Les deux pages vinrent présenter à chacun d'eux, de la part du fiancé, une Toison d'or portant l'image d'un Lion volant, et les invitèrent à s'en parer pour le repas. Ils les exhortèrent à maintenir dûment la réputation et la gloire de l'Ordre que Sa Majesté leur conférait.

Bientôt les trompettes sonnèrent. La maîtresse de cérémonie apparut sur son trône, avec le cérémonial habituel, précédée de deux pages qui portaient, le premier une coupe en or, l'autre un parchemin. Elle se leva avec grâce, prit la coupe et la remit par ordre du roi afin que les élus la fissent circuler en son honneur. La vierge, parée également de la Toison d'or et du Lion, semblait présider l'Ordre. Elle invita les élus à s'asseoir sur les marches de son trône, qui se souleva et s'avança avec une telle douceur qu'il semblait être posé sur coussin d'air. Il les transporta dans un jardin. Des arbres avaient été plantés, alignés avec art et une source délicieuse jaillissait d'une fontaine, décorée d'images et de signes étranges.

Une licorne blanche, étincelante comme la neige, portant un collier en or, s'approcha de la fontaine, et, ployant ses jambes de devant, s'inclina comme si elle voulait honorer le lion qui se tenait debout sur la fontaine. Le fauve, qui avait semblé en pierre, saisit aussitôt une épée nue qu'il tenait sous ses griffes et la brisa par son milieu ; les deux fragments tombèrent dans la fontaine. Puis il ne cessa de rugir jusqu'à ce qu'une colombe blanche, tenant un rameau d'olivier dans son bec, volât vers lui à tire-d'aile ; elle posa ce rameau dans la gueule du lion qui l'avala, ce qui de nouveau le calma. Alors, en quelques bonds joyeux, la licorne revint à sa place. Notre maîtresse de cérémonie ordonna de nous ramener dans nos chambres, en grande pompe et au son des instruments, escortés par des pages richement vêtus. Ils nous firent visiter au passage une partie du château. Partout les salles étaient disposées en demi-cercle, de sorte que l'on pouvait observer facilement l'horloge précieuse établie au centre sur une tour élevée et se conformer à la position des planètes qui s'y trouvaient représentées. Nos pages nous conduisirent enfin dans nos chambres respectives, meublées royalement.

L'éternelle jeunesse de Diane

Diane de Poitiers fut mariée très jeune au grand sénéchal de Normandie, Louis de Brézé, de quarante ans son aîné. Elle sembla avoir pour lui une réelle affection car, une fois veuve à trente et un ans, elle porta son deuil toute sa vie en s'habillant exclusivement de noir et blanc rehaussé d'or.

De très haute noblesse, ayant du sang royal, elle faisait partie de la Cour de François Ier. Le roi la nomma même gouvernante de son fils cadet, Henri, avec la charge de parfaire son éducation. Le jeune prince, âgé de onze ans, rentrait d'une captivité de cinq ans. Son père l'avait livré comme monnaie d'échange à Charles Quint afin

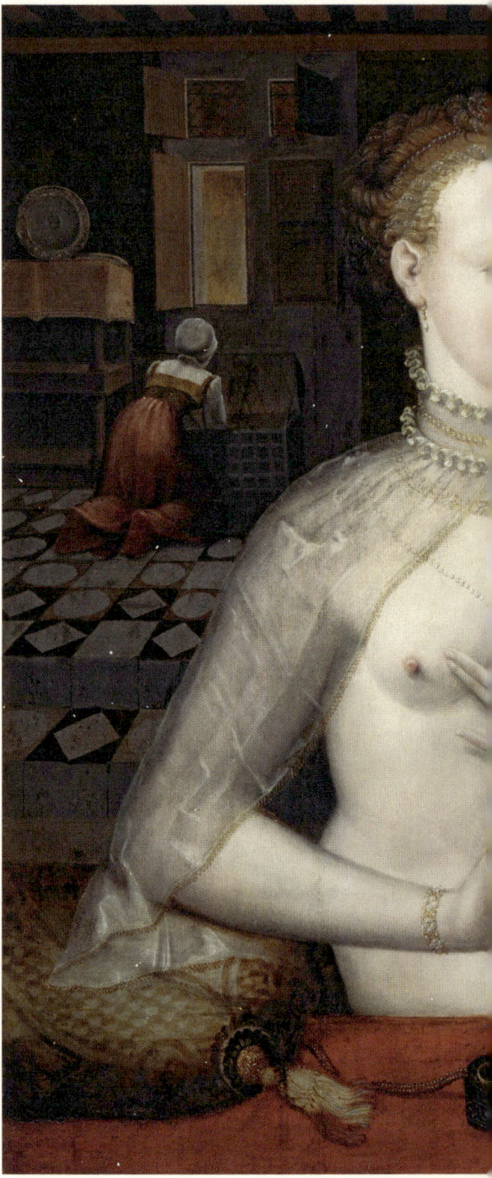

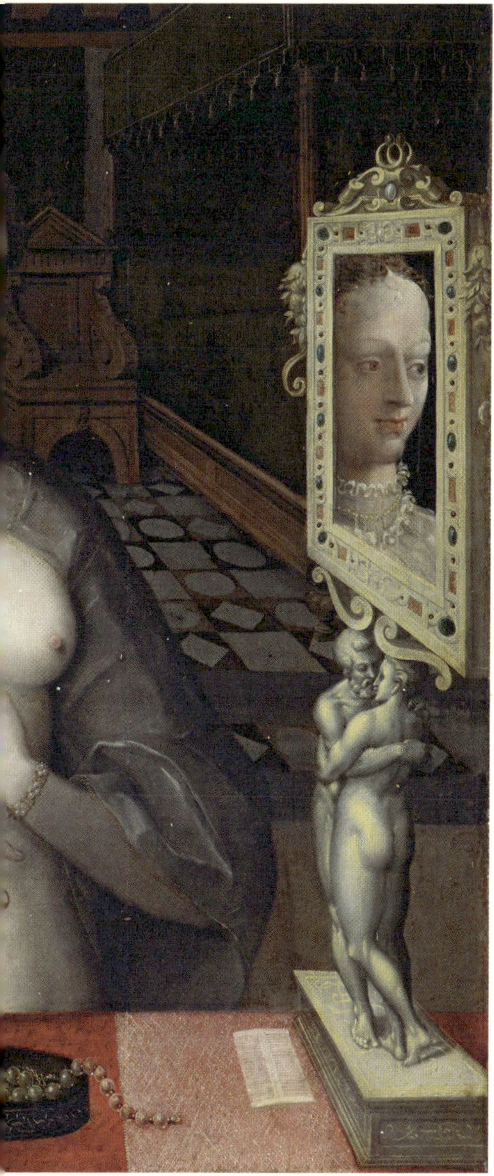

de pouvoir être libéré de son emprisonnement à la suite de sa défaite de Pavie. Très taciturne et sans doute remonté contre son père avec qui il ne s'entendait guère, Henri s'attacha à sa gouvernante. Ils devinrent inséparables. Sept ans plus tard, Henri épousa la jeune et jolie princesse Catherine de Médicis, avec la complicité de Diane, d'ailleurs. En effet, les deux femmes étaient cousines !

Pourtant, Diane, de vingt ans son aînée, devint la maîtresse du prince et occulta sa charmante épouse. Il semble que depuis longtemps elle était devenue sa Dame de Cœur dans le mode de l'amour courtois encore en vigueur à cette époque où les nobles vivaient toujours selon les principes de la chevalerie. Les chroniqueurs rapportent un événement en ce sens alors qu'il avait douze ans : *Au tournoi de mars 1531, qui avait suivi le couronnement de la reine, Henri avait abaissé devant Diane sa lance ornée de ses couleurs, lui rendant ainsi un hommage public remarqué de toute la Cour.* C'était effectivement de cette manière qu'un chevalier honorait la Dame qu'il servait et à qui il dédiait ses prouesses.

D'après leur correspondance, Henri et Diane devinrent amants en 1538. Il avait vingt ans et elle trente-huit.

Après quelques périodes de disgrâce où elle fut éloignée de la Cour de François Ier, en raison notamment de sa mésentente avec la favorite du roi, la duchesse d'Étampes, et de sa proximité avec le prince brouillé avec son père, Diane finit par triompher. À la suite de la mort prématurée de son frère aîné, Henri accéda au trône et sa dulcinée devint sa maîtresse officielle. Elle reçut du roi de nombreux cadeaux, notamment des bijoux de la couronne, le fameux château de Chenonceau et d'importants avantages financiers pour embellir son palais d'Anet. La grande sénéchale de Normandie obtint également le titre de duchesse de Valentinois en 1548.

Diane fit usage de son nouveau pouvoir pour exiler la duchesse d'Étampes, écarter du Conseil royal et du Parlement les partisans de son ennemie et tous ceux qui lui étaient hostiles. Elle les fit remplacer par des proches ou par ceux qui lui faisaient allégeance. Même si elle n'assistait pas aux conseils, le roi lui rendait compte des décisions et semblait suivre ses avis. Celle qui régnait sur son cœur était devenue son éminence grise.

La jeune reine elle-même, Catherine de Médicis, ravalait son orgueil et faisait bonne figure pour ne pas perdre l'affection d'Henri et… de Diane. D'autant plus que la maîtresse royale poussait son amant à rejoindre son épouse dans le lit conjugal afin qu'elle lui donnât enfin des héritiers. Dans ce curieux ménage à trois, la reine, qui tarda à avoir des enfants, semblait reconnaissante à la maîtresse de son mari de l'avoir épaulée pour ne pas être répudiée faute de descendants !

Toujours est-il que le triomphe de Diane était absolu et son pouvoir immense. Elle était appelée la « plus que reine ».

Comment une femme de vingt ans son aînée a-t-elle pu subjuguer à ce point le roi Henri II pendant près de deux décennies? Ses ennemis et les mauvaises langues de l'époque prétendaient qu'elle avait eu recours à la magie. Même des chroniqueurs considérés comme sérieux répandirent ces rumeurs. Certains affirmaient qu'elle portait au doigt un anneau d'or magique à l'intérieur duquel étaient gravés des signes cabalistiques. Pour étayer leur propos, ils exhumèrent la vieille légende de l'anneau enchanté de Charlemagne.

On raconte que l'empereur s'était épris d'une princesse allemande et voulait en faire sa concubine. Follement amoureux, il était même prêt à répudier sa femme pour épouser sa dulcinée. Mais la jeune beauté vint à mourir. Charlemagne, incrédule, inconsolable, en perdit le boire et le manger. Il fit placer l'élue de son cœur sur un lit de parade et resta à son chevet, attendant qu'elle se réveillât. Il faut dire que le corps de la morte avait miraculeusement conservé sa souplesse et sa fraîcheur. Ses joues étaient roses et son teint éclatant comme si elle dormait. Le souverain, le regard halluciné, refusait obstinément qu'on l'enterrât et ne quittait pas la chambre mortuaire.

L'archevêque Turpin, qui trouvait que cela avait trop duré, s'introduisit un jour dans la chambre à pas de loup pendant que Charlemagne s'était assoupi. Voulant s'assurer qu'il n'y avait pas quelque sorcellerie dans cette étrange affaire, le religieux examina le cadavre attentivement. Il finit par trouver au doigt de la princesse un anneau d'or gravé de hiéroglyphes. Comme l'empereur se réveillait, Turpin le passa promptement à son doigt pour que Sa Majesté ne remarquât pas qu'il avait osé toucher ce corps qu'il vénérait. Contre toute attente, Charlemagne, semblant sortir d'un état second, se leva, jeta un regard désabusé sur la morte et ordonna qu'on l'enterrât sans tarder.

Mais voilà que l'histoire prit un tour imprévu et plutôt cocasse : le charme

de l'anneau magique, loin d'être rompu, sembla continuer d'agir. La passion de l'empereur se reporta sur l'archevêque Turpin lui-même ! Charlemagne manifesta une telle affection pour l'homme d'Église qu'il ne pouvait plus se passer de lui. Il le convoquait à toute heure du jour et de la nuit, le retenait à dîner, le gardait dans sa chambre pour bavarder ou jouer aux échecs, lui faisait les yeux doux, lui montrait des marques d'affection, le serrait dans ses bras à tout propos, le câlinait, le cajolait, le couvrait de cadeaux ! À croire que l'empereur était tombé amoureux de lui. L'affaire était embarrassante. Le chaste religieux ne savait plus comment se dépêtrer de cette histoire, quand il réalisa qu'il avait gardé l'anneau de la morte au doigt. Il monta aussitôt à cheval, galopa jusqu'au lac voisin et l'y jeta. Quand le prélat rentra à la Cour, Charlemagne ne le réclama plus auprès de lui et fut à nouveau distant. Au cours d'une partie de chasse au bord du lac, l'empereur s'extasia face au paysage et ne voulut plus quitter les rives verdoyantes de cette majestueuse étendue d'eau. Il y fit bâtir un palais, un monastère et une ville qui devint sa capitale et porte le nom d'Aix-la-Chapelle. C'est aussi là qu'il voulut être enterré. Voici donc la légende de l'anneau ensorcelé qui fut évoquée à l'époque pour expliquer l'ascendant de Diane sur le roi. Mais elle n'était pas la seule rumeur qui courait à son sujet. Bien entendu, elle semblait incarner tous les canons de beauté de l'époque : des traits fins et délicats dignes d'une peinture de Botticelli, une silhouette de rêve, une peau de nacre, presque diaphane, une grâce et une élégance sans pareilles qui éclipsaient le charme latin de la jeune Médicis. Elle faisait aussi preuve de beaucoup d'esprit, d'un grand sens de la repartie et était cultivée, esthète.

Diane s'était entourée d'une cour de poètes et d'artistes qui fréquentaient son château d'Anet. Ronsard et du Bellay écrivaient des vers pour la célébrer, Philibert Delorme, le grand architecte de l'époque, dressa les plans et dirigea les travaux du nouveau palais qui devint un chef-d'œuvre de la Renaissance à la française. Le fameux sculpteur Jean Goujon ornementa les lieux que les poètes célébrèrent sous le nom de Dianet :

> *De vostre Dianet (de vostre nom*
>   *j'apelle*
> *Vostre maison d'Anet) la belle*
>   *architecture,*

Les marbres animez, la vivante peincture,
Qui la font estimer des maisons la plus belle
Les beaux lambris dorez, la luisante chappelle,
Les superbes dongeons, la riche couverture,
Le jardin tapissé d'eternelle verdure,
Et la vive fonteine à la source immortelle :
Ces ouvrages (Madame) à qui bien les comtemple,
Rapportant de l'antiq' le plus parfait exemple,
Monstrent un artifice, et despence admirable.
Mais ceste grand' doulceur jointe à cette haultesse,
Et cet Astre benin joint à ceste sagesse,
Trop plus que tout cela vous font esmerveillable.

Joachim du Bellay

La véritable magie de Diane semble bien avoir été liée non seulement à sa beauté délicate, à son charme envoûtant, à sa grâce incomparable mais aussi à sa finesse d'esprit peu commune. Mais le plus surprenant pour ses contemporains était que le temps ne paraissait pas avoir de prise sur elle. Sa beauté légendaire ne fanait pas, à tel point que le seigneur de Brantôme témoigna de cette éternelle jeunesse dans ses *Mémoires*, alors qu'il lui rendit visite l'année de sa mort : *J'ai vu Madame la Duchesse de Valentinois en l'âge de soixante-six ans, aussi belle de face, aussi fraîche et aussi aimable comme en l'âge de trente ans*. Indépendante et volontaire, Diane avait tout d'une femme moderne en avance sur son temps. En plus de jouer un rôle dans le gouvernement du royaume, elle passait quotidiennement des heures à cheval, nageait, s'adonnait à la chasse telle une Amazone. Elle semblait s'identifier à Artémis, la Diane chasseresse, la déesse de la lune à qui elle vouait un véritable culte comme en témoignent les nombreux croissants de lune, les cerfs et les statues de la déesse qui ornent son palais d'Anet.

D'autres secrets de beauté furent évoqués à son sujet comme des bains dans l'eau froide d'un puits souterrain au fond d'une galerie du château d'Anet, une eau pure qui n'avait jamais vu la lumière. Ou bien des soins quotidiens avec du lait d'ânesse qu'auraient également employé Cléopâtre et la belle Poppée, la femme de l'empereur Néron.

Les hommes admiraient sa beauté sans pareille, les peintres la prenaient pour modèle et les femmes la jalousaient. Beaucoup étaient persuadés que l'insolente éternelle jeunesse de Diane résidait dans la panacée, l'eau de jouvence, l'élixir de longue vie de l'alchimie. Il faut bien avouer que son château d'Anet est truffé de symboles hermétiques, autrement dit de la science dont la paternité est attribuée à Hermès Trismégiste, l'auteur légendaire de la *Table d'émeraude*, le texte fondateur du Grand Art de la transmutation. La chapelle du château, dite Temple de Diane, avec le motif mandala de sa coupole qui semble se refléter sur le pavement, illustre à merveille les vers du Trois fois grand :

Ce qui est en bas est comme ce qui est en haut,
et ce qui est en haut est comme ce qui est en bas ;
par ces choses se font les miracles d'une seule chose.
Et comme toutes les choses sont et proviennent d'UN,
par la médiation d'UN, ainsi toutes les choses sont nées
de cette chose unique par adaptation.
Le soleil en est le père, et la lune la mère.
Le vent l'a porté dans son ventre.
La terre est sa nourrice et son réceptacle.
Le Père de tout, le Thélème du monde universel est ici.

*Sa puissance reste entière, si elle est
  convertie en terre.
Tu sépareras la terre du feu, le subtil de
  l'épais,
doucement avec grande industrie.
Il monte de la terre et descend du ciel,
et reçoit la force des choses supérieures
et des choses inférieures.
Tu auras par ce moyen la gloire du
  monde,
et toute obscurité s'enfuira de toi.
C'est la force, forte de toute force,
car elle vaincra toute chose subtile
et pénétrera toute chose solide.
Ainsi le monde a été créé.
De cela sortiront d'admirables
  adaptations,
desquelles le moyen est ici donné.
C'est pourquoi j'ai été appelé Hermès
  Trismégiste,
ayant les trois parties de la philosophie
  universelle.
Ce que j'ai dit de l'œuvre solaire est
  complet.*

D'autres symboles ésotériques sont inscrits un peu partout, plus ou moins codés. Le fameux monogramme, dit chiffre de Diane, avec ses trois croissants de lune entrelacés qui dessineraient un triangle si on reliait toutes les lunes. Le triangle c'est aussi le Delta, la lettre D en grec, comme l'initiale de son prénom. Le symbole de la Trinité chrétienne qui se décline en l'esprit, l'âme et le corps ou les trois phases de la transmutation alchimique. Il représente également l'œil de la Conscience, la Connaissance, le Grand Architecte de l'Univers.

Il n'en fallait pas moins pour supposer que la maîtresse royale était une adepte du Grand Art et qu'elle détenait la recette de l'élixir de longue vie. On la soupçonnait de boire quotidiennement une petite fiole d'*aurum potabile*, de l'or liquide et potable dont elle connaissait la formule. Selon les alchimistes, c'était la panacée qui empêchait le vieillissement et maintenait en bonne santé.

Cette rumeur sera confirmée par des analyses effectuées en 2008 sur ses cheveux et ses ossements qui révéleront une teneur en or deux cent cinquante fois plus importante que la normale ! De là viendrait son fameux teint clair éclatant, presque surnaturel, si blanc et pâle comme la mort qui se serait distillée goutte à goutte en elle, car l'or, comme le mercure qui aide à le rendre liquide, est un métal lourd dont l'absorption à petites doses régulières l'aurait lentement empoisonnée. Elle mourut à soixante-six ans, un âge avancé pour l'époque, à la suite d'une chute de cheval qui lui brisa la jambe et l'affaiblit considérablement.

Étrange fin pour cette adepte de l'alchimie qui serait morte d'avoir voulu l'éternelle jeunesse et d'avoir pris les préceptes *hermétiques* trop à la lettre.

Quiconque boit de cette fontaine d'or sent la rénovation de sa nature, la suppression du mal, le réconfort du sang, l'affermissement du

CONTES DES SAGES ALCHIMISTES

cœur et la parfaite santé de toutes les parties comprises dans le corps soit intérieurement, soit extérieurement. Elle ouvre, en effet, les nerfs et les pores afin que la maladie puisse être chassée et que la santé paisiblement la remplace.

Basile Valentin, moine
et alchimiste allemand du XVe siècle

Les noces sanglantes

Les Noces alchymiques, V

Mon page me réveilla, m'aida à m'habiller et me conduisit à la fontaine. Je constatai alors qu'au lieu de son épée, le lion tenait une grande dalle gravée. Je l'examinai avec soin et déchiffrai la gravure un peu effacée à cause de son ancienneté :

Par le secours de l'art,
je suis devenu remède ;
je coule ici.
Buvez, frères, et vivez !

Après nous être lavés à cette fontaine, nous bûmes dans une coupe tout en or. Puis nous retournâmes avec notre guide dans la salle pour y revêtir des habits neufs ornés d'une Toison d'or garnie de brillants. Une lourde médaille y était fixée ; sur la face on voyait le soleil et la lune ; le revers portait ces mots : *Le rayonnement de la Lune égalera celui du Soleil ; et le rayonnement du Soleil deviendra sept fois plus éclatant.*

On ouvrit alors une porte donnant sur l'escalier du roi. La jeune femme nous fit entrer avec les musiciens et monter trois cent soixante-cinq marches. Dans cet escalier de précieuses œuvres d'art étaient présentées ; plus nous montions, plus les ornementations étaient admirables ; nous atteignîmes enfin une salle voûtée décorée de fresques. Soixante jeunes femmes, toutes vêtues richement, nous y attendaient ; elles s'inclinèrent à notre approche et l'on congédia les musiciens.

Alors, au son d'une petite clochette, un rideau se souleva et j'aperçus le roi et la reine. Ils étaient tellement resplendissants que mon regard ne pouvait soutenir leur

éclat. Chaque demoiselle prit l'un de nous par la main et nous présenta aux souverains avec une profonde révérence ; puis la maîtresse de cérémonie déclara :
– En l'honneur de Vos Majestés royales, les seigneurs ici présents ont surmonté leurs épreuves pour parvenir jusqu'à Vous. Vos Majestés s'en réjouiront à bon droit car ils sont qualifiés pour vous assister au cours de vos Noces.
Le vieil Atlas s'avança et dit au nom du roi :
– Sa Majesté se réjouit de votre arrivée et vous accorde sa grâce.
La salle était rectangulaire à l'avant, mais elle prenait au bout la forme d'un hémicycle où l'on avait disposé suivant la circonférence du cercle des sièges pour les membres de la famille royale. Le petit Cupidon voletait parmi eux. Parfois il s'installait entre les fiancés en leur montrant son arc en souriant ; quelquefois même il faisait le geste de vous viser avec sa flèche.
Devant la reine se trouvait un autel sur lequel était posé un livre couvert de velours

noir rehaussé de quelques ornements en or ; à côté une petite lumière dans un flambeau d'ivoire près duquel une sphère céleste tournait autour de son axe ; plus loin une petite horloge près d'une minuscule fontaine en cristal d'où coulait à jet continu une eau limpide couleur rouge sang. À côté, une tête de mort, refuge d'un serpent blanc, tellement long que bien qu'il fît le tour des autres objets, sa queue était encore engagée dans l'une des orbites, alors que sa tête rentrait dans l'autre. Il ne sortait donc jamais complètement du crâne.

Nous quittâmes la salle avec les jeunes femmes, heureux et satisfaits de cette réception ; nos musiciens nous attendaient sur le palier et nous descendîmes en leur compagnie ; derrière nous la porte fut fermée et verrouillée avec soin.

Puis le repas fut servi et chacun prit place à côté de l'une des demoiselles. J'eus l'honneur d'être assis en compagnie de la maîtresse de cérémonie. Sa beauté, sa grâce et sa conversation, tour à tour instructive

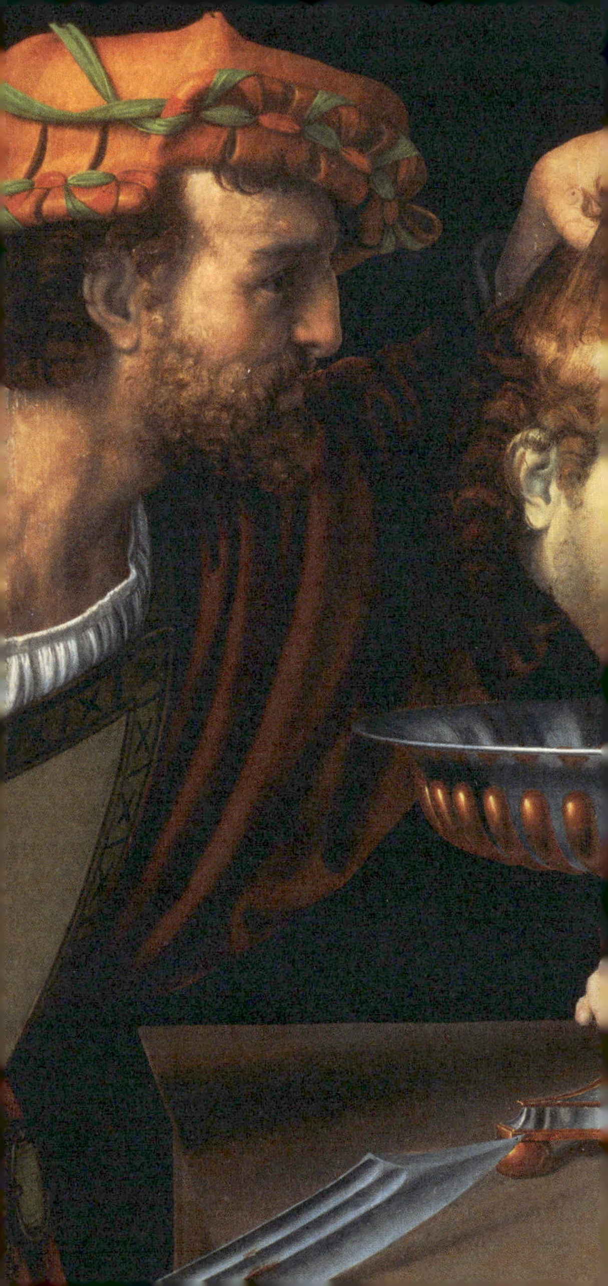

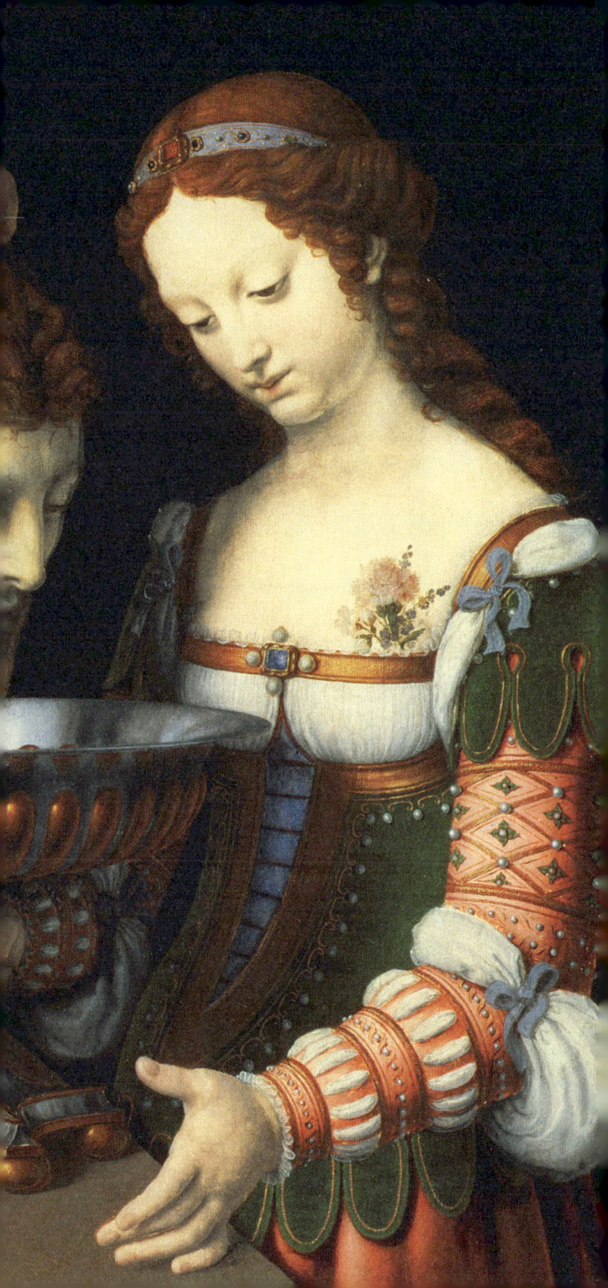

et plaisante, me maintenaient sous son charme. J'étais taraudé par la pensée de découvrir l'Élixir de Jouvence afin de rajeunir et de pouvoir épouser ma ravissante voisine. Celle-ci s'en aperçut fort bien et s'écria :

– Je sais bien ce qui manque à ce jouvenceau. Que gagez-vous qu'il sera plus gai demain si je dors avec lui la nuit prochaine ? À ces mots, toutes les jeunes beautés partirent d'un éclat de rire et, quoique le rouge me montât au visage, je ne pus m'empêcher de sourire de moi-même. Mais l'un de mes compagnons se chargea de me venger et déclara :

– J'espère que non seulement les convives, mais aussi les jouvencelles ici présentes ne refuseront pas de témoigner pour notre frère et certifieront que notre guide lui a formellement promis de partager sa couche cette nuit.

Cette réponse me remplit d'aise ; la demoiselle répliqua :

– Oui, mais il y a mes sœurs ; elles ne me

permettraient jamais de garder le plus beau sans leur consentement.

– Chère sœur, s'écria l'une d'elles, avec ta permission, nous voudrions bien tirer au sort les seigneurs que voici, afin de les partager entre nous comme compagnons de lit ; et tu auras, avec notre consentement, la prérogative de garder le tien.

– Très bien, répondit ma voisine. Mes seigneurs, si nous laissions au hasard le soin de désigner ceux qui dormiront ensemble aujourd'hui ?

Alors, nous nous levâmes promptement de table ; de même nos voisines. La maîtresse de cérémonie nous proposa bientôt de nous placer en cercle dans un ordre quelconque ; elle nous compterait alors en commençant par elle-même et le septième devrait se joindre au septième suivant, quel qu'il fût. Les jeunes filles étaient tellement adroites qu'elles parvinrent à prendre des places déterminées tandis que nous pensions être répartis au hasard. Notre charmante guide commença donc sa comptine et, à chaque fois, une demoiselle se retrouvait associée à une autre demoiselle ! Et cela continua ainsi jusqu'à ce que toutes les jeunes femmes fussent sorties, à notre grand désarroi, sans que l'un d'entre nous eût quitté le cercle. Nous restions donc seuls, dépités, sous la risée des friponnes qui quittèrent la salle comme un vol de pies jacassantes.

Bientôt notre guide revint et nous annonça que Sa Majesté nous invitait au banquet nuptial à la Maison Solaire. On nous y conduisit aussitôt et nous vîmes la procession royale marcher en silence. En tête du cortège s'avançait la reine qui avait été parmi nous hier, portant une petite couronne précieuse et revêtue de satin blanc ; elle était suivie de six dames de compagnie qui portaient les joyaux du roi que nous avions vus exposés sur le petit autel. Puis vinrent les trois rois, le fiancé étant au milieu.

Pour la première fois, nous fûmes conviés à la table royale. Le jeune roi se montra constamment aimable envers nous.

Cependant, il n'était guère joyeux, car, tout en nous adressant la parole de temps en temps, il ne put s'empêcher de soupirer à plusieurs reprises, ce dont le petit Cupidon le plaisanta. Les vieux rois et les vieilles reines étaient très graves.

La famille royale, vêtue de vêtements d'un blanc éclatant comme la neige, prit place à la première table, les membres de la noblesse, à la seconde. La grande couronne en or était suspendue au-dessus des convives et l'éclat des pierreries dont elle était ornée aurait suffi pour éclairer la salle. Mais il n'y avait aucune joie visible et tout se passait dans le calme. Je sentais que cela prenait une tournure sinistre et l'absence de musique augmenta mon appréhension. Le repas touchait presque à sa fin, quand le jeune roi ordonna qu'on lui remît le livre placé sur l'autel et il l'ouvrit. Puis il nous fit demander encore une fois par un vieillard si nous étions bien déterminés à rester avec lui dans l'infortune. Et quand, tout tremblants, nous eûmes répondu

affirmativement, il nous fit demander tristement si nous voulions nous engager par écrit. Il nous était impossible de refuser. Alors nous nous levâmes à tour de rôle et chacun apposa sa signature. Dès que le dernier eut signé, on apporta une fontaine et un petit gobelet en cristal. Toutes les personnes royales y burent, chacune selon son rang ; on nous le présenta ensuite.
Tout à coup une clochette tinta ; aussitôt nos hôtes royaux pâlirent si effroyablement que nous avons failli nous évanouir de peur. Ils changèrent leurs vêtements blancs contre des robes entièrement noires ; puis la salle entière fut tendue de velours noir. Les tables furent enlevées et les personnes présentes prirent place sur le banc. On nous fit revêtir des robes noires. Alors la maîtresse de cérémonie apporta six bandeaux de taffetas noir et elle banda les yeux des six membres de la famille royale. Les serviteurs vinrent avec six cercueils et les disposèrent dans la salle. Au milieu, on posa un billot. Un géant entra dans

la salle ; il tenait dans sa main une hache tranchante. Puis le vieux roi fut conduit le premier sur le billot et sa tête fut tranchée et enveloppée dans un drap noir. Le sang fut recueilli dans un grand vase en or que l'on posa près de lui dans le cercueil. Les autres subirent le même sort et je frémis à la pensée que mon tour arriverait également. Mais il n'en fut rien, car, dès que les six personnes royales furent décapitées, le géant se retira ; il fut suivi par quelqu'un qui le décapita à son tour juste devant la porte et revint avec sa tête et la hache que l'on déposa dans une petite caisse.

Ce furent, en vérité, des noces sanglantes. Notre guide, voyant que quelques-uns d'entre nous perdaient la foi et pleuraient, nous invita au calme. Elle ajouta :

– Leur résurrection est maintenant entre vos mains. Faites-moi confiance et obéissez-moi.

Puis elle nous pria d'aller nous reposer. Elle nous souhaita une bonne nuit et nous annonça qu'elle veillerait les morts.

Nous conformant à ses désirs, nous suivîmes nos pages dans nos logements respectifs.

Ma chambre donnait sur le grand lac, de sorte que de mon lit, placé près de la fenêtre, je pus facilement en parcourir toute l'étendue du regard. Aux douze coups de minuit, je vis subitement comme un grand feu sur le lac ; saisi de peur, j'ouvris rapidement la fenêtre. Alors j'aperçus au loin sept navires emplis de lumière qui s'approchaient. Lorsqu'ils abordèrent, notre maîtresse de cérémonie s'avança avec une torche ; derrière elle on portait les six cercueils fermés et la caisse. Ils furent déposés dans les sept vaisseaux qui prirent le large et naviguèrent par-delà le lac. Cette scène m'intrigua mais j'étais tellement fatigué par toutes ces émotions que je sombrai dans le sommeil.

Le château pentagonal

Louise de Clermont, la comtesse de Tonnerre, avait grandi à la Cour de François Ier qui l'appelait affectueusement « ma grenouille ». Brillante, bavarde, joyeuse et cultivée, elle était connue pour sa beauté et son franc-parler. Les plus grands poètes de l'époque, Ronsard en tête, la chantaient dans leurs vers comme « l'ornement le plus beau de la Cour ». Vers cinquante ans, elle épousa en secondes noces un jeune noble de vingt ans son cadet, semblant rivaliser ainsi avec Diane de Poitiers, sa contemporaine, et partager avec elle les secrets de l'éternelle jeunesse. Elle avait d'ailleurs la réputation d'être une excellente apothicaire qui savait préparer

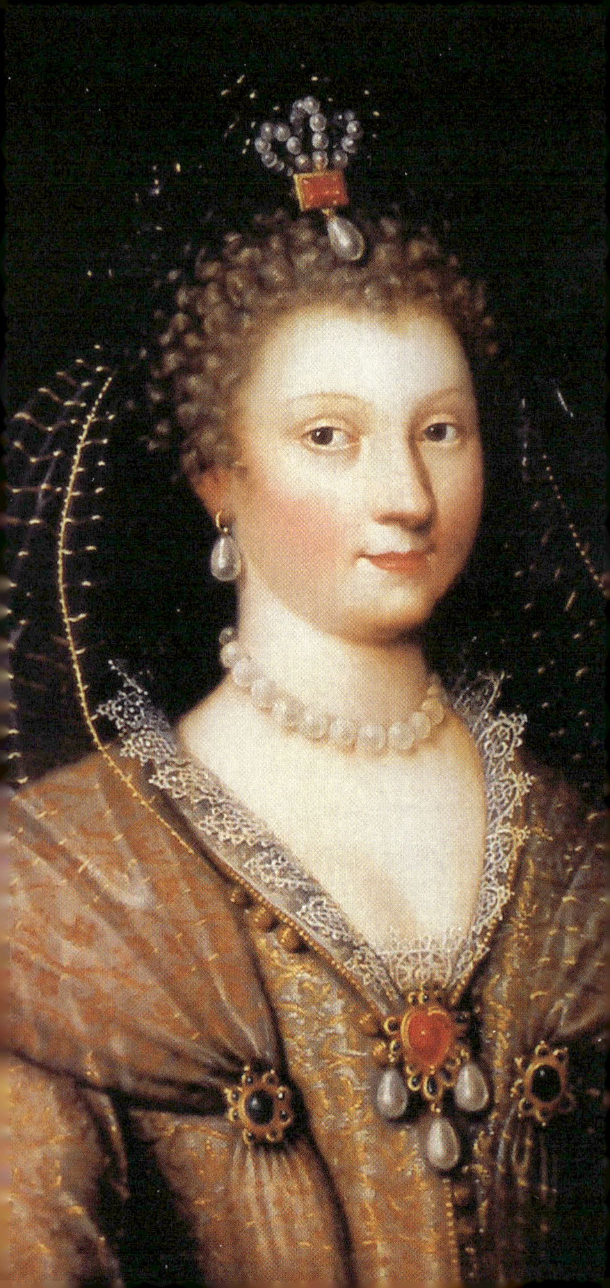

des onguents, des élixirs et autres remèdes souverains. Tout porte à croire qu'elle était initiée aux sciences aussi bien naturelles qu'occultes, si prisées en son temps. À la Cour de François Ier, puis en tant que dame de compagnie de Catherine de Médicis, elle fréquenta de grands savants, médecins, astrologues et alchimistes dont les plus fameux comme Léonard de Vinci, Rabelais, Nostradamus, Ambroise Paré… La comtesse de Tonnerre semble avoir caressé longtemps le projet de faire construire un château pentagonal. Elle avait apparemment réussi à obtenir des plans tracés de la main même de l'un des plus grands architectes de son temps qui, comme elle, fréquentait la Cour : Sebastiano Serlio ou peut-être Philibert Delorme, le maître d'œuvre de l'énigmatique château de Diane de Poitiers à Anet truffé de symboles alchimiques. Certains historiens évoquent même la patte géniale de Vinci en personne. Le second époux de Louise, Antoine de Crussol, sans doute pour la remercier d'avoir contribué au fait qu'il obtienne le titre de duc d'Uzès, signa en 1566 les devis lançant la construction de cet audacieux chef-d'œuvre d'architecture. Le château de Maulnes se révèle un ouvrage symbolique construit selon les principes de la science alchimique. Pentagonal, il figure les cinq éléments qui constituent l'univers et dont la combinaison infinie crée tout ce qui existe : terre, eau, feu, air, éther ou quintessence. Bâti sur une motte où affleurent des sources, se déployant autour d'un escalier central qui relie la terre et le ciel et qui s'enroule en spirale autour d'un puits où s'unissent l'eau et la lumière, formant une véritable colonne vertébrale, un *axis mundi*. L'édifice matérialise ainsi un microcosme pareil à l'homme dont le chiffre est le cinq et le symbole le pentacle, l'étoile à cinq branches, tel que le représente un fameux dessin de Vinci avec ses quatre membres écartés et sa tête. Y sont tracés aussi un rond et un carré évoquant la quadrature du cercle, le mariage du Ciel et de la Terre, que l'on retrouve dans les communs circulaires et le quadrilatère des jardins du château. Ce dessin démontre également les proportions divines du nombre d'or que le corps humain, créé à l'image de Dieu, incarne à la perfection. Les commanditaires de l'édifice auraient donc laissé à la postérité un traité d'alchimie, un testament monumental. Apparemment, mais pas seulement comme le révèle la légende d'une vouivre, appelée Mélusine, reliée à Maulnes, qui, une fois décryptée, nous ramène à une phase du Grand Œuvre.

À la fin de l'été 1569, le donjon pentagonal est achevé et la duchesse y emménage pendant que son époux voyage au service de la reine Catherine. Elle s'occupe personnellement de l'aménagement et de la décoration et y fait installer toutes les commodités : chaudière, étuves, bains. Elle y reconstitue également son laboratoire alchimique et son apothicairerie avec ses cornues, alambics, creusets, balances, mortiers, athanor et autres ustensiles indispensables pour les savantes préparations. Louise de Clermont avait initié son époux au Grand Art, partageait sa passion et ses découvertes avec lui, mais elle aimait s'enfermer seule des heures durant dans son atelier lors de manipulations délicates qui demandaient une grande concentration. Selon les Maîtres, la transmutation du mercure en or ou la mise au point de l'élixir d'immortalité dépend non seulement du tour de main de l'adepte, mais aussi de son attitude intérieure.

Désirant passer Noël avec sa femme, le duc d'Uzès se hâta de rentrer de ses pérégrinations et se présenta au portail du château de Maulnes le soir du 21 décembre. Il rapportait en guise de cadeaux quelques antiquités achetées à prix d'or et l'une de ces balançoires sur lesquelles sa femme adorait s'asseoir pour se délasser. Il demanda où se trouvait son épouse et on lui répondit qu'elle se baignait dans la source en bas de l'escalier, sous le puits de lumière où l'on apercevait les étoiles et parfois la lune. Les serviteurs l'avertirent cependant qu'elle avait formellement interdit à quiconque de la déranger. Le bouillonnant Antoine de Crussol, piqué au vif, força le passage et s'élança vers l'escalier. Depuis quelque temps, il avait pris ombrage des cachotteries de sa femme, soupçonnant qu'elle lui dissimulait certaines de ses découvertes. Il imagina soudain qu'elle était sur le point de réaliser le Grand Œuvre, de découvrir la Pierre philosophale, de transmuter le plomb en or, de distiller l'élixir de longue vie !... Son imagination s'emballa d'autant plus qu'il était fiévreux, ayant pris froid sur les routes verglacées. Quand il déboucha dans l'escalier, alors que les douze coups de minuit sonnaient à l'horloge du château, un chant céleste faisait vibrer les pierres, une lumière éclatante émanait du puits, d'autant plus surnaturelle qu'il faisait nuit. Le duc eut un éblouissement, une vision. Il poussa un cri et tomba évanoui.

Les serviteurs accoururent, le transportèrent dans son lit et appelèrent la duchesse qui semblait s'être volatilisée.

Quand le châtelain reprit quelque peu ses esprits, il affirma avoir vu un dragon rougeoyant déployer ses ailes et s'envoler en tournoyant dans la colonne d'air sous une pluie dorée. Il prétendait que le monstre avait le visage de sa femme. Des vieilles servantes qui croyaient aux contes de fées étaient persuadées qu'il avait épousé une Mélusine et elles colportèrent cette légende qui est parvenue jusqu'à nous. D'autres pensèrent simplement que la fièvre le faisait délirer.

Enfin, la duchesse réapparut, descendant majestueusement l'escalier, plus belle, plus rayonnante, plus magnétique que jamais, comme si, revenant de la Fontaine de Jouvence, elle avait rajeuni. Elle fit boire une décoction à son mari frissonnant et bredouillant, le cajola et lui susurra pour l'endormir :

– Mon doux ami, ce refroidissement vous a fait avoir une hallucination.

Elle préféra garder son secret car, manifestement, son époux n'était pas prêt à le recevoir. Encore trop impatient, impulsif, jaloux et ambitieux, son âme n'était pas suffisamment purifiée des scories de l'ego. En cette longue nuit du solstice d'hiver qui annonce le retour du *Sol Invictus*, quand l'astre est paradoxalement au plus près de la Terre et son rayonnement le plus puissant, il s'était passé quelque chose. La comtesse de Tonnerre se sentait métamorphosée, plus légère, plus lumineuse, plus sensible aussi, comme si elle renaissait à une nouvelle vie. La transmutation avait eu lieu en elle. Plus qu'un manuel spéculatif, le château s'était révélé être un athanor géant, un fourneau alchimique, un transformateur gigantesque des énergies telluriques et astrales qu'il fallait toutefois savoir activer.

Quand la duchesse d'Uzès retourna à la Cour, sa métamorphose fut remarquée. Elle se révéla moins superficielle et manifesta des dons prodigieux de guérisseuse et de voyante. La reine Catherine ne tarda pas à la surnommer « la sibylle », « la prophétesse », et ne pouvait plus se passer d'elle. Elle en fit sa plus proche confidente et la remplaçante de Nostradamus et de Ruggieri. Louise de Clermont se montra aussi plus compatissante qu'auparavant, ayant toujours à cœur de faire le bien. Afin d'éteindre les braises des guerres de Religion qui menaçaient sans cesse d'embraser à nouveau la France et même l'Europe, elle se dévoua sans compter pour rapprocher protestants et catholiques, œuvra pour le mariage du futur Henri IV et de la reine Margot qui réconcilia un temps les deux partis. Et elle s'attacha également à secourir les pauvres de ses domaines, multipliant les dons à des œuvres charitables ainsi qu'aux hospices de Tonnerre et d'Uzès.

Avait-elle trouvé l'élixir de longue vie? Tout porte à le croire car elle dépassa les quatre-vingt-dix ans, un âge canonique pour l'époque. Son époux n'eut pas cette chance. Il quitta ce monde à quarante-cinq ans. Grand militaire au service de la couronne, il guerroya beaucoup et il mourut d'épuisement à la suite du siège de La Rochelle. Il semblerait qu'il ne se soit jamais remis complètement d'avoir transgressé l'interdit et aperçu le miracle de la transfiguration de sa femme ce fameux soir du solstice d'hiver...

Le Dragon volatile a été si spiritualisé par la nature ardente de son Eau magique qu'il s'est aériennement élevé, pareil à une fontaine argentée, et est sorti tout clair et pur du tombeau obscur pour apparaître en ressuscité glorieux.

L'Adepte Inconnu

D'une rive à l'autre

Les Noces alchymiques, VI

Je quittai ma couche au point du jour, aiguillonné par le désir de connaître la suite des événements. M'étant habillé, je descendis, mais je ne trouvai encore personne dans la salle à cette heure matinale. Je m'aventurai seul dans le château, curieux de l'explorer ; un escalier descendait sous terre. Après quelques marches, un passage me conduisit dans un couloir obscur où j'aperçus une petite porte entrebâillée d'où émanait de la lumière. J'entrai dans une salle voûtée illuminée par d'énormes escarboucles dont la lumière faisait scintiller l'or et les pierres précieuses qui ornementaient la pièce. Au centre, j'aperçus un autel triangulaire posé sur un aigle, un bœuf et un lion et qui supportait un vase en cuivre poli. Un ange, debout dans le vase, tenait dans ses bras un arbre inconnu, qui, sans cesse, laissait tomber des gouttes dans la coupe ; parfois un fruit se détachait, se résolvait dans le vase dès qu'il touchait le liquide qui s'écoulait dans trois petits récipients en or.

Dans ce caveau se trouvait une porte de cuivre. Je l'ouvris et entrai. J'aperçus alors un lit d'une richesse inouïe, aux tentures admirables. Je les entrouvris et vis une dame couchée là, nue, d'une beauté et d'une grâce incomparables. Je restai figé. On eût dit la déesse Vénus en personne.

Un bruit me tira de ma contemplation. Quelqu'un venait. Je refermai les rideaux et quittai les lieux précipitamment. Entre-temps, mes compagnons s'étaient rassemblés dans la salle ; je les y rejoignis en faisant semblant de sortir de mon lit à l'instant.

Notre guide s'était parée pour sortir ; elle était entièrement habillée de velours noir et tenait sa branche de laurier à la main comme toutes ses compagnes. Nous la suivîmes dans la cour où elle prononça un court sermon. Elle nous engagea à tenir notre promesse, à ne pas épargner nos peines et à prêter secours aux personnes royales défuntes afin qu'elles pussent retrouver la vie. À cet effet, nous devions nous mettre en route sans tarder et naviguer avec elle vers la tour de l'Olympe pour y fabriquer la Pierre philosophale. Nous suivîmes donc la jeune femme par une autre petite porte jusqu'au rivage, là, nous vîmes les sept vaisseaux, de nouveau vides, qui nous attendaient. Ayant navigué par-delà le lac, nous franchîmes une passe étroite et nous parvînmes à la mer. Des sirènes et des nymphes nous attendaient ; nous fûmes abordés bientôt par une jeune naïade, chargée de nous transmettre leur cadeau de noces, une grande perle précieuse sertie d'un éclat quasi surnaturel.

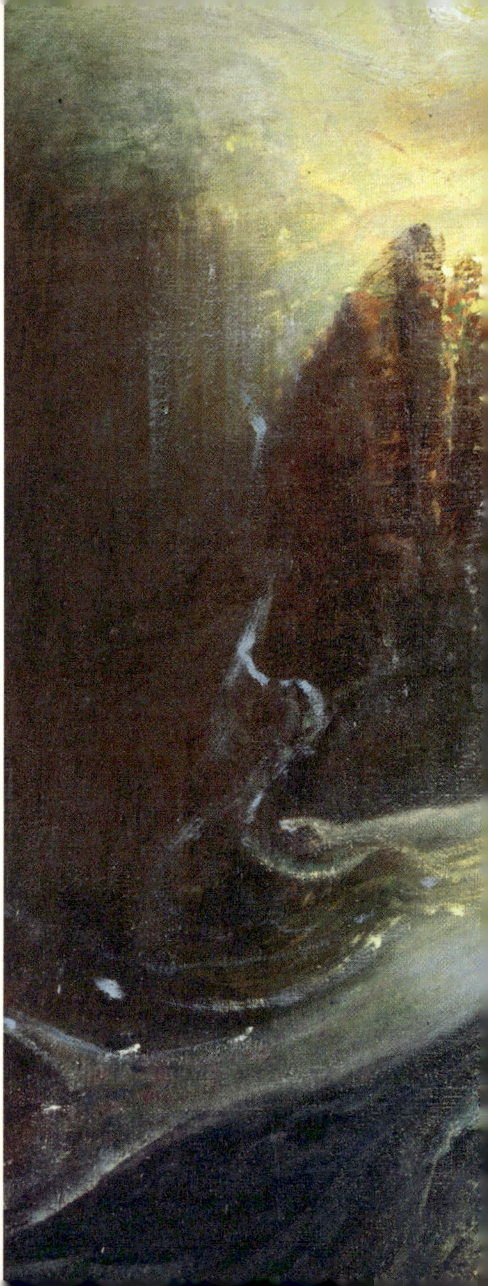

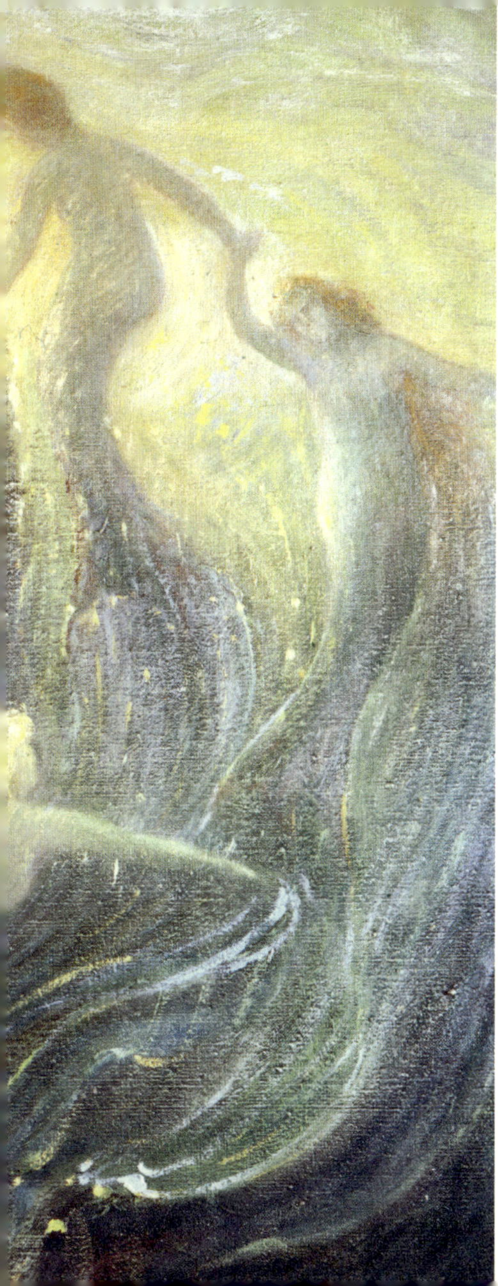

Puis, les nymphes se placèrent en cercle autour de nos navires et chantèrent d'une voix douce :

Par qui sommes-nous nés ?
Par l'amour.
Sans qui serions-nous égarés ?
Sans l'amour.
Pourquoi nous a-t-on élevés ?
Par amour.
Comment unir les opposés ?
Par l'amour.

Les vagues semblaient reprendre leur chant en chœur. Quand les sirènes se turent, elles rompirent le cercle et disparurent dans les flots.

Quelques heures plus tard, nous aperçûmes la tour de l'Olympe. Elle était bâtie sur une île et entourée d'un rempart parfaitement carré. Lorsque nous accostâmes, un vieillard nous accueillit chaleureusement et nous conduisit à l'édifice de sept étages. On nous fit entrer dans la salle inférieure qui ne contenait rien qu'un laboratoire alchimique. Là, on nous fit laver et broyer des herbes, des pierres précieuses et diverses matières, en extraire la sève et l'essence et en emplir des fioles de verre que l'on rangea avec soin. On nous fit travailler sans relâche. Enfin, quand nos travaux furent terminés, on nous apporta, pour tout repas, une soupe et un peu de vin et il fallut nous contenter, pour dormir, d'une natte qu'on étendit sur le sol. Je me couchai donc sur ma couverture et m'endormis, épuisé, bercé par le ronronnement d'un alambic qui distillait un mystérieux élixir.

Blanche Pivoine

Solitaire je vagabonde, solitaire
   je m'assois,
Il y a beaucoup de gens autour de moi,
Mais personne ne me reconnaît.
Seul l'esprit de l'arbre au sud de la ville
Sait qu'un immortel est de passage.
                              Lu Tong-Pin

Le jeune lettré Lu Yan, surnommé Tong-Pin, l'Hôte de la Caverne, après avoir surmonté dix épreuves initiatiques, fut initié au neidan, l'alchimie du cinabre interne, par son maître Zhongli Quan. Le fameux taoïste lui enseigna comment chauffer le givre d'azur et la neige de pourpre dans les vases divins pour ouvrir le portail de jade et le vantail d'or afin de se forger un corps de diamant. Le roi des enfers raya son nom du registre des mortels. Lu Tong-Pin put ainsi prendre place dans la fameuse bande des huit Immortels qui déambulent sur terre pour secourir les pauvres et neutraliser les êtres malfaisants. Aucun fantôme ni démon ne peuvent résister à son épée magique et sa maîtrise des arts martiaux. Il est aussi l'auteur du précieux Traité de la Fleur d'or, l'un des textes fondateurs de l'Alchimie interne.

Lu Tong-Pin vint un jour admirer les fameuses pivoines de Luoyang car il avait entendu dire que cette année-là, elles avaient un éclat et un parfum sans pareils. Alors qu'il contemplait les fleurs, il aperçut une jeune femme qui semblait flotter aussi légère que la brume d'un matin de printemps et aussi gracieuse que des branches de saule ondulantes dans la brise, le délicat visage de nacre rehaussé par des lèvres de corail et des sourcils en croissant de lune. L'éternel jeune lettré à l'épée s'extasia à voix basse :

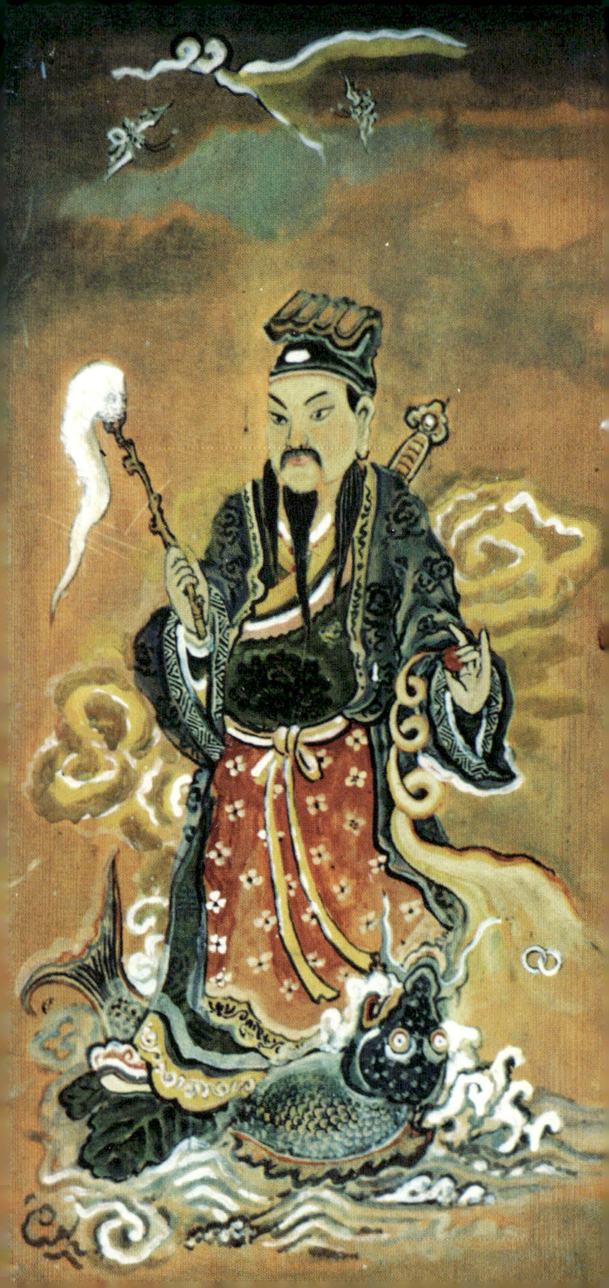

– Je n'ai jamais vu une mortelle aussi sublime. Elle a la beauté et la grâce d'une femme céleste. On dirait l'incarnation de Chang'E, l'Immortelle du Palais lunaire, ou de Kouan Yin, la bodhisattva de la Compassion.
Il s'approcha d'un passant et lui demanda qui elle était.
– C'est une célèbre courtisane du nom de Bai Mudan, Blanche Pivoine. Elle est connue dans toute la province pour sa beauté incomparable, ses talents de chanteuse et de danseuse, son art de la séduction mais aussi pour son impertinence ! Ceux qui l'approchent perdent la raison et elle leur impose tous les caprices qui lui passent par la tête tant elle veut se venger des hommes. Elle n'a jamais pardonné à son père de l'avoir vendue à une maison de plaisir pour payer ses dettes de jeu. Elle en veut également au maître du pavillon des fleurs de la louer à prix d'or à de grossiers puissants. Tenez, un jour, un magistrat corrompu nommé Cao Mao proposa une

très grosse somme d'argent pour coucher avec elle. Ce magistrat était surnommé *yao guai* parce qu'il aimait exploiter le peuple, comme un démon suçant l'énergie vitale ou le sang des hommes. Alors qu'ils buvaient et bavardaient, il déclara : « Vous sentez naturellement le parfum des fleurs comme un être divin. J'ai entendu Song Jing, le propriétaire du magasin de vin, affirmer avoir léché votre sueur et la louer comme plus délicieuse que le meilleur millésime jamais bu. Alors, s'il vous plaît, laissez-moi goûter aussi la rosée de votre peau. » Bai Mudan rit et répondit d'un ton mielleux tout en caressant la peau délicate du haut de sa poitrine : « J'aurais été ravie, Votre Excellence, de me laisser lécher par vous, mais, hélas, je ne suis pas en sueur maintenant. En revanche, je viens juste de me laver les pieds dans cette bassine où flotte encore mon odeur. » Cao Mao ne se fit pas prier et il but l'eau du bain de pieds avec délectation, prétendant qu'elle était aussi délicieuse que le *maotai*, le meilleur vin de Chine. Désormais, les gens le connaissent comme « Cao qui boit l'eau des pieds ». Un autre jour, un marchand prospère, un certain Chen Hua, a réclamé la courtisane pour passer la nuit avec elle. Ce notable est surnommé « Chien puant », car il aime flatter son riche client comme un chien léchant son maître. Il a aussi la réputation de traiter ses serviteurs comme s'ils n'étaient pas des êtres humains. Alors qu'ils arrivaient dans la chambre, Chen Hua eut hâte de l'embrasser. Mais, au lieu de lui tendre la joue, Blanche Pivoine lui tourna le dos et lui dit : « Puisque vous êtes mon invité d'honneur, monseigneur, que diriez-vous d'honorer la partie la plus précieuse de mon corps ? » Et elle lui montra son derrière. Chen Hua oublia complètement sa dignité et embrassa passionnément ses fesses rebondies et pulpeuses. Soudain, la délicate beauté lui péta droit dans la bouche ! Il sortit furibond de la chambre, réclama son argent au tenancier et quitta cette maison de perdition en fulminant.

Depuis, le marchand a changé de surnom, on l'appelle désormais « Chen à la bouche puante »! Méfiez-vous, jeune voyageur, aucun homme n'approche impunément cette redoutable courtisane!

Lu Tong-Pin écoutait d'une oreille distraite sans pouvoir détacher son regard de cette beauté céleste qui semblait emporter son cœur avec elle. Se dégageait d'elle une grâce divine. Il avait d'ailleurs l'étrange impression de la connaître depuis toujours. Il se dit qu'elle serait une partenaire idéale pour jouer à Nuages et Pluie, expression consacrée en Chine pour désigner les jeux de l'amour. Il se convainquit en se racontant à lui-même qu'il était temps de raffiner son essence yang afin de conserver ses pouvoirs et entretenir sa longévité. D'autant qu'il n'avait jamais été invité à l'un de ces fameux banquets célestes où étaient conviés les Immortels pour savourer les pêches d'immortalité et l'ambroisie céleste aux vertus particulièrement régénérantes. Et il s'était aussi mis en tête de sauver l'âme de cette divine beauté perdue dans ce monde flottant et de l'amener sur la Voie des Immortels.

Lu Tong-Pin soigna son apparence de jeune lettré distingué, fit une passe magique pour changer l'épée volante qu'il avait sur le dos en serviteur portant son sac de voyage. Il prit alors la direction du pavillon des fleurs, autrement dit la maison close. Il posa un petit lingot d'or sur le comptoir et demanda à passer la nuit avec la célèbre Bai Mudan. Le tenancier lui fit mille courbettes et le mena aux appartements de la courtisane sans pareille.

La belle fut ravie de recevoir un invité aussi beau et élégant. Elle le trouvait tout à fait à son goût et se disait qu'ils étaient si bien assortis qu'elle prendrait un plaisir extrême à passer la nuit avec lui. Après avoir bu quelques tasses de vin et bavardé pendant un moment, Blanche Pivoine ne pouvait plus résister à son désir de le séduire. Elle fit venir des musiciennes et entama une danse particulièrement sensuelle. Mais, au bout de nombreuses minutes, le visiteur se contentait de siroter son vin tranquillement, l'air indifférent. L'altière courtisane fut piquée au vif. Elle n'avait jamais vu un client lui résister ainsi. Elle essaya alors de le provoquer :

– Êtes-vous insensible aux femmes et plutôt attiré par les hommes ? À moins que vous ne soyez un moine bouddhiste déguisé qui a fait vœu de chasteté ?! Dans ce cas pourquoi venir me narguer ?

– Je suis taoïste et je suis venu vous sauver de ce monde de perdition. Il y a quelque chose de céleste en vous, vous êtes sans doute une Immortelle incarnée ici-bas. Je ressens une secrète connexion entre nous, peut-être un lien karmique. Acceptez de devenir ma disciple et je vous montrerai la Voie pour retourner au Ciel.

– Retourner au Ciel ? Pourquoi donc ? Ne voyez-vous pas que j'y suis déjà ?! Ne suis-je pas comme une déesse qui est adorée par tous les hommes de cette ville ? Quel est l'intérêt de vivre dans votre paradis

ennuyeux avec de vieux Immortels alors que je peux manger la nourriture la plus délicieuse et boire le meilleur vin ici-bas ?
– Ne savez-vous pas que tout bonheur dans ce monde n'est pas permanent, un jour vous riez et le lendemain vous pleurez !
– Ah, ah, ah, oh quel beau mais stupide maître ! Pensez-vous que je ne connaisse pas votre stratagème éventé car déjà trop utilisé par des charlatans de votre espèce ? Vous espérez manipuler une personne naïve pour qu'elle suive votre enseignement et qu'elle devienne votre concubine à bon marché. Et monsieur le taoïste, quels sont vos pouvoirs magiques ?

Elle s'approcha et lui murmura à l'oreille :
– Il serait temps de me les montrer ! J'aimerais d'ailleurs savoir si vous pouvez résister aux miens.

Et voilà que d'une main experte elle entreprit de lui caresser le bas-ventre, le faisant tressaillir de plaisir. Elle palpa de ses doigts délicats la tête de tortue. La tige de jade ne tarda pas à se redresser, vibrante

comme la corde d'une cithare, gonflée de sève comme un bourgeon de printemps.
– Je constate que vous avez du mal à résister à mes pouvoirs.
À son tour, il entrouvrit sa robe et caressa tendrement sa poitrine comme on cueille délicatement un fruit gorgé de nectar. Puis il glissa sa main magnétique le long de son ventre frémissant jusqu'à sa fleur de lotus pour en effleurer doucement la corolle qui s'ouvrit peu à peu, laissant perler sa liqueur parfumée. Il embrassa ensuite amoureusement ses seins, mordilla tendrement leurs pointes qui se raffermirent et lui firent sourdre des soupirs. Le pèlerin ne tarda pas à s'introduire dans le sanctuaire pour y faire ses dévotions, l'ermite pénétra dans la grotte de la déesse compatissante afin d'accomplir les rites avec l'eau lustrale.
Les deux amants jouèrent passionnément à Nuages et Pluie toute la nuit. Les assauts s'enchaînaient, se multipliaient dans toutes les positions et la belle dut se rendre plus d'une fois, sous l'effet extatique d'un intense

plaisir. Elle qui avait connu beaucoup d'hommes, n'avait jamais joui avec une telle intensité. Elle découvrit alors qu'il y avait un neuvième ciel.

Lui ne se lassait pas de laisser sa tige de jade aller et venir dans la caverne du lotus. Il était insatiable car son dragon vert ne crachait jamais sa semence. L'alchimiste, en maîtrisant son souffle et en contenant la jouissance, retenait son yang, le raffinait et le transmutait en le faisant remonter par les trois portails jusqu'au champ de cinabre de son crâne afin de distiller l'élixir de longue vie.

Au petit matin, Blanche Pivoine fit promettre à Lu Tong-Pin de revenir le soir même. Elle ne désirait plus d'autre amant que lui. Trois nuits encore ils s'adonnèrent avec délice à Nuages et Pluie.

Le lendemain, alors que la jeune femme suppliait le taoïste de passer une nouvelle nuit ensemble, il lui dit qu'il accepterait de continuer avec elle si elle renonçait à son métier de courtisane et si elle acceptait enfin de devenir sa disciple pour suivre la Voie des Immortels. La belle enamourée ne se fit pas prier. Pendant qu'elle préparait son sac de voyage, l'alchimiste, ayant restauré tous ses pouvoirs, transforma à nouveau son serviteur en l'épée qu'il portait toujours sur son dos. Il fit ensuite atterrir un nuage rose doré, y fit monter sa nouvelle recrue et ils disparurent dans les airs au grand dam du tenancier de la maison close. Prenant refuge dans une grotte sur le mont des Trois Pics, Lu Tong-Pin initia sa dulcinée à la méditation et aux exercices taoïstes. Il composa spécialement pour elle un poème initiatique qu'il calligraphia pour lui offrir et en faire son viatique sur la Voie :

> *Pour nourrir l'énergie vitale, veille en silence.*
> *Afin de soumettre le mental, agis avec le Non-Agir.*
> *Dans le mouvement et l'immobilité, sois conscient de la Source ;*
> *Il n'y a rien à faire, encore moins quelque chose à chercher.*

Constamment il faut répondre au monde impermanent ;
En répondant à ce monde, ne sois pas identifié.
Lorsqu'elle n'est pas identifiée, notre vraie nature se stabilise ;
Lorsque la nature se stabilise, l'énergie revient d'elle-même.
Lorsque l'énergie revient, l'élixir se cristallise ;
À travers le fourneau, l'eau et le feu s'unissent.
Le Yin et le Yang s'alternent encore et encore ;
Chaque transformation vient comme un coup de tonnerre.
Des nuages blancs s'assemblent au sommet ;
La rosée du nectar imprègne la montagne cosmique.
Ayant bu l'élixir d'immortalité ;
Tu voyageras librement entre Ciel et terre.

*Assieds-toi et écoute la mélodie du luth
  sans cordes ;
Tu comprendras les lois de la création.
Ce poème de vingt vers est une échelle
Qui conduit directement au Ciel.*

Maître et disciple pratiquaient ensemble la méditation, les exercices spirituels dont Nuages et Pluie en mode taoïste pour raffiner les essences yin et yang. Blanche Pivoine finit par se sentir épuisée de tant d'assauts nocturnes même si cela était fort plaisant.

Un jour, Zhongli Quan, le maître de Lu Tong-Pin, vint leur rendre visite dans leur grotte. Profitant de l'absence de son disciple qu'il avait envoyé exorciser un village avec son épée magique, le patriarche s'entretint avec Blanche Pivoine.

– Je suis venu vous révéler un secret, ma chère. Il y a une forte connexion karmique entre vous et mon apprenti. Je vais vous raconter ce qui s'est passé dans une autre vie. Tous les mille ans, Xiwangmu, la reine mère d'Occident, l'épouse de l'Empereur de Jade, invite de nombreux dieux et immortels dans son palais de jaspe perché sur le mont Kunlun pour participer à son banquet céleste. Elle les régale du nectar divin et des pêches d'immortalité afin de restaurer leurs pouvoirs magiques et entretenir leur longévité. Cette année-là, c'était la première fois que Lu Tong-Pin était invité au banquet. Alors qu'il chevauchait son nuage pour se rendre au palais de jaspe, il survola la région de Tongbai. Il vit alors la terre trembler et de nombreuses maisons s'effondrer, faisant d'innombrables victimes. Ce désastre était causé par un démon qui ressemblait à un pangolin géant. Mon disciple compatissant, toujours prêt à secourir les malheureux, décida d'intervenir. Perché sur son nuage, il attaqua le monstre avec son épée volante. Sa peau recouverte d'écailles était si dure que la lame ne pouvait la percer. Après des heures de combat, Lu Tong-Pin, épuisé, dut battre en retraite.

Au cours du banquet, mon disciple parla avec Taibai Jinxing, un vieil Immortel qui connaissait bien des secrets, et il lui demanda comment vaincre pareil démon.
– Seule l'épingle à cheveux de la reine mère

王齊翰仙馭奇禽

d'Occident peut transpercer cette carapace. Elle ne voudra pas la prêter car elle est le symbole de son rang.

À cet instant, une jolie suivante de l'Impératrice céleste, une fée des fleurs du nom de Blanche Pivoine, vint leur offrir du vin de longue vie. La serveuse était l'une des plus belles femmes du monde divin. Le vieux Taibai Jinxing chuchota à l'oreille de Lu Tong-Pin :

– La fée Pivoine n'est pas insensible à votre charme, jeune Immortel. Si vous la séduisez, vous pourrez peut-être lui demander de subtiliser l'épingle à cheveux pour accomplir votre devoir et de la remplacer un moment par celle-ci.

Et il sortit de sa manche une réplique parfaite du bijou.

Quand la beauté céleste revint leur servir à boire, notre jeune lettré lui fit un compliment qui la fit rougir. Elle s'éloigna vers l'étang des lotus d'or. Lu Tong-Pin la suivit et entreprit de la charmer. Il lui murmura à l'oreille :

– Aimez-vous la fleur de lotus ? Moi je préfère contempler la pivoine.

Et ils restèrent à bavarder un long moment avant de finir par s'embrasser. La fée était tombée amoureuse du jeune taoïste qui n'était pas non plus insensible à ses charmes. Ils s'éloignèrent pour jouer à Nuages et Pluie dans un bosquet céleste. Follement amoureuse, Blanche Pivoine demanda à Lu Tong-Pin de l'épouser. Il accepta à condition qu'elle l'aidât à emprunter l'épingle à cheveux de la reine mère.

– Êtes-vous fou ?! Ma maîtresse me punira sévèrement si elle apprend que je commets un tel sacrilège.

Lu Tong-Pin sourit et lui montra l'imitation de l'épingle à cheveux de l'Impératrice de Jade qui ressemblait exactement à l'original.

– Allez, j'en ai juste besoin pour une journée et après cela, je vous la rapporterai. De plus, l'amour a besoin de preuves, n'est-ce pas ? Ce sera votre dot.

La suivante hésita mais finalement, accepta. Plus tard, alors qu'elle peignait les cheveux de la reine mère, elle échangea les épingles qui se ressemblaient comme deux gouttes d'eau. Elle donna ensuite l'original à son amoureux. Avec ce puissant talisman à la main, Lu Tong-Pin retourna combattre le monstre et put cette fois transpercer facilement sa cuirasse. Après cela, il tint sa promesse et épousa secrètement la fée Pivoine. Chaque jour, ils faisaient des escapades dans les plus beaux endroits du monde pour y faire l'amour. Malheureusement, leurs frasques et le vol de l'épingle furent découverts par la souveraine des Cieux qui, furieuse, maudit sa femme de chambre :

– Puisque tu aimes tant faire l'amour et que tu m'as trahie pour cela, tu seras exilée sur terre où tu te réincarneras comme courtisane !

Quant à Lu Tong-Pin, la reine mère le punit aussi mais fut plus clémente car il avait utilisé son épingle à cheveux pour sauver des humains. Elle le condamna seulement à demeurer sur terre avec interdiction de remonter au Ciel et d'assister aux banquets célestes. Et, pour l'empêcher de voler au secours de sa bien-aimée, la souveraine des Cieux fit effacer ses souvenirs de cette aventure. Mais votre lien karmique est si fort, ma chère, qu'il vous a retrouvée et vous mène sur la Voie des Immortels pour regagner votre Ciel. Comment se passe d'ailleurs votre apprentissage ?

– Je progresse dans la maîtrise du souffle et le raffinement du yin, mais l'exercice des Nuages et Pluie me fatigue beaucoup car votre disciple est insatiable. Il retient sa semence.

– Ah, je m'en doutais. Si vous pouviez le faire éjaculer parfois, vous pourriez absorber son yang extrêmement concentré. Et ainsi obtenir plus rapidement l'élixir d'immortalité.

Le grand maître lui donna une astuce pour y parvenir.

Le soir même, elle appliqua ce conseil pendant que le dragon visitait sa grotte. Elle caressa l'aine de son partenaire qui ne put retenir un cri de plaisir et... sa semence. Aussitôt, le puissant yang vint fusionner avec son yin, ce qui accéléra leur transmutation en nectar divin et amplifia encore la communion extatique des âmes. Lu Tong-Pin avait connu un intense plaisir mais était contrarié de s'être laissé aller ainsi et d'avoir affaibli ses pouvoirs. Il demanda à Blanche Pivoine qui lui avait enseigné ce stratagème. Elle lui révéla ce que lui avait appris son maître.

Par remords et par compassion, le taoïste au cœur pur accepta de donner à sa bien-aimée au cours de leurs ébats quelques gouttes de sa précieuse liqueur afin qu'elle reconstituât au plus vite son corps de jade et pût regagner sa place parmi les êtres célestes.

Lorsque l'Esprit peut se mouvoir en cercle, toutes les puissances du Ciel et de la terre, de la lumière et de l'obscurité, sont cristallisées. Quand on commence à appliquer cette magie, c'est comme si, au milieu de son être, il y avait un non-être. Quand, au fil du temps, le travail est terminé, et au-delà du corps se trouve un autre corps, c'est comme si, au

CONTES DES SAGES ALCHIMISTES

milieu du non-être, il y avait un être. Ce n'est qu'après un travail complet de cent jours que la Lumière sera réelle, alors seulement elle deviendra un feu spirituel. Soudain, il se développe une perle de semence. C'est comme si l'homme et la femme s'unissaient et qu'une nouvelle naissance avait eu lieu.

Lu Tong-Pin,
Traité de la Fleur d'or

Le Grand Œuvre

Les Noces alchymiques, VII

Le lendemain, à l'aube, le vieillard nous tira du sommeil, nous salua et examina si nos travaux étaient terminés et bien exécutés ; nous y avions apporté tant de soins qu'il se montra satisfait. Il rassembla donc les fioles et les rangea dans un écrin. Bientôt nous vîmes entrer des pages portant une échelle qu'ils posèrent dans la salle. Le vieillard vint à son tour et tourna le robinet de l'alambic qui cessa de couler. Il prit l'écrin avec les fioles et ferma soigneusement la porte derrière lui, si bien que nous nous crûmes prisonniers dans ces murs, mais une trappe s'ouvrit dans la voûte ; par là nous aperçûmes notre instructrice qui nous pria de monter. Nous comprîmes alors l'usage de l'échelle. Quand nous fûmes tous réunis en haut, la trappe fut refermée et notre guide nous accueillit amicalement. Une salle unique occupait tout cet étage. Elle était flanquée de six belles chapelles. On nous répartit dans chacune d'elles et on nous invita à prier pour la vie des rois et des reines. Dès que nous eûmes achevé notre prière, douze personnes entrèrent et déposèrent au centre de la salle un objet singulier, tout en longueur, qui paraissait n'être qu'un grand alambic à mes compagnons. Mais je devinais que les corps des décapités y étaient enfermés car le caisson inférieur était de dimensions suffisantes pour contenir facilement six personnes.

Alors la jeune fille ouvrit un coffret qui contenait une chose sphérique dans une double enveloppe de taffetas vert ; elle la retira et, s'approchant de l'appareil, elle la posa dans la petite chaudière supérieure ; elle recouvrit ensuite cette dernière avec un couvercle percé de trous et muni d'un rebord. Puis elle y versa quelques-uns des liquides que nous avions préparés la veille. Ce mélange était pompé sans cesse dans l'alambic par quatre fins tuyaux. La chaleur de la chaudière inférieure fit bientôt bouillir le liquide qui se mit à couler ainsi sur les cadavres par une quantité de petits trous. Je compris que la boule enveloppée n'était autre que la tête du géant et que c'était elle qui communiquait au liquide cette chaleur intense.

Cette opération dura près de deux heures. C'est alors que l'alambic cessa de couler. La maîtresse de cérémonie fit apporter une sphère creuse en or. À la base du fourneau, il y avait un robinet ; elle l'ouvrit et fit ruisseler les matières qui avaient été dissoutes par la chaleur ; elle récolta dans la sphère plusieurs mesures d'un liquide très rouge et disparut avec.

Peu après, le centre de la voûte fut dégagé et on nous pria de monter à l'aide d'une échelle. À l'étage supérieur, je vis alors la sphère suspendue à une forte chaîne au milieu de la salle. Il y avait des fenêtres sur tout le pourtour et autant de portes alternant avec elles. Chacune des portes masquait un grand miroir poli. La disposition des portes et des glaces était telle que dès que l'on avait ouvert les fenêtres et découvert les miroirs, un effet d'optique faisait briller des soleils sur toute la circonférence de la salle alors que cet astre ne frappait qu'une seule glace. Tous ces soleils resplendissants dardaient leurs rayons, par des réflexions artificielles sur la sphère suspendue au centre ; et comme celle-ci était polie, elle émettait un rayonnement aveuglant et brûlant.

Enfin, notre instructrice fit recouvrir les miroirs et fermer les fenêtres afin de laisser refroidir un peu la sphère. Nous étions satisfaits de constater que l'opération, parvenue à ce stade, nous laissait assez de liberté pour nous réconforter par un déjeuner. Cette fois encore, le menu était vraiment spartiate mais mes compagnons ne songèrent à aucun moment

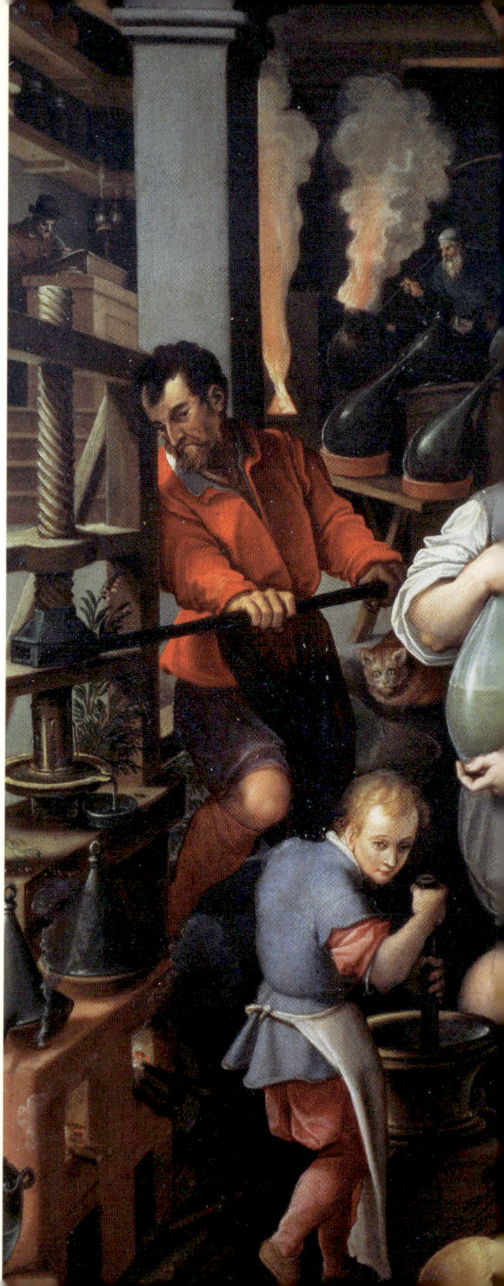

IOANES
STRATENSIS
FLANDRVS
1570

à une meilleure cuisine ; ils étaient tout à la joie de pouvoir assister à une alchimie si extraordinaire et de méditer ainsi sur les Lois de la Création.

Après le repas, nous nous préparâmes de nouveau au travail, car la sphère s'était suffisamment refroidie. Nous dûmes la détacher de sa chaîne, ce qui nous coûta beaucoup d'efforts, et la poser à terre. Nous discutâmes ensuite sur la manière de la diviser, car on nous avait ordonné de la couper en deux par le milieu ; enfin, un diamant pointu fit le plus gros de cette besogne.

Quand nous eûmes ainsi ouvert la sphère, nous vîmes qu'elle ne contenait plus rien de rouge, mais seulement un grand et bel œuf, blanc comme la neige. Notre guide le prit et elle nous quitta en fermant la porte comme toujours. Une troisième ouverture nous offrit un passage et nous parvînmes ainsi au quatrième étage à l'aide de notre échelle. Dans cette salle, nous vîmes une grande chaudière en cuivre remplie de sable jaune, chauffée par un petit feu. L'œuf y fut enterré afin d'y achever de mûrir. L'incubation terminée, il fut déterré et l'oisillon – saignant et difforme – le perça et se libéra bientôt lui-même. Notre instructrice nous pria de l'attacher avant qu'on ne lui donnât des aliments pour éviter qu'il s'échappe. On lui apporta alors sa nourriture qui était le sang des décapités dilué avec de l'eau préparée. Le volatile crût alors si rapidement sous nos yeux que nous comprîmes fort bien pourquoi la jeune femme nous avait mis en garde. Il mordait et griffait rageusement autour de lui et, s'il avait pu s'emparer de l'un de nous, il l'aurait aussitôt défiguré. Comme l'oiseau – aussi foncé qu'un corbeau – était plein de fureur, on lui apporta une autre boisson. Alors ses plumes noires tombèrent et des plumes blanches comme la neige poussèrent à leur place. Il se laissa approcher plus facilement mais au troisième breuvage, ses plumes se couvrirent de couleurs rutilantes et il se montra si doux envers nous que nous le délivrâmes de ses liens. Puis notre initiatrice ordonna de servir le repas et nous réconforta en annonçant que la phase la plus délicate du Grand Œuvre était terminée.

Le repas fut rapide et frugal car il fallait alimenter notre protégé sans arrêt. Comme il avait atteint sa taille adulte, notre guide le prit et la cinquième salle nous fut ouverte. Nous y montâmes comme précédemment et nous nous apprêtâmes à nous mettre au travail.

On avait préparé pour notre volatile un bain teint avec une poudre blanche de sorte qu'il prit l'aspect du lait. Il perdit toutes ses plumes et eut la peau aussi lisse que celle d'un nourrisson; mais la chaleur ne lui causa pas d'autre dommage. Chose étonnante, les plumes s'étaient dissoutes entièrement dans ce bain et le teignirent en bleu. Enfin, nous laissâmes l'oiseau sortir de la chaudière. Comme il était redevenu un peu farouche, nous dûmes lui passer un collier avec une chaîne autour du cou. Pendant ce temps, on alluma un grand feu sous la chaudière et le bain fut évaporé jusqu'à ce qu'il ne resta plus qu'un bloc de matière bleue. Nous dûmes le retirer de la chaudière, le concasser, le pulvériser sur une pierre ; puis cette teinture fut appliquée sur toute la peau du volatile. Alors il prit un aspect plus singulier encore : à part la tête qui resta blanche, il était entièrement bleu. C'est ainsi que notre travail prit fin et que nous fûmes appelés par une ouverture dans la voûte au sixième étage, après que la jeune fille nous eut quittés avec l'oiseau bleu. Là, nous assistâmes à un spectacle attristant. On plaça, au centre de la pièce, un petit autel semblable en tout point à celui que nous avions vu dans la salle du roi. On présenta d'abord la petite fontaine au volatile pour qu'il s'y désaltérât ; ensuite il aperçut le serpent blanc et le mordit de manière à le faire saigner. Nous dûmes recueillir ce sang dans une coupe en or et le verser dans la gorge de l'oiseau qui se débattait fortement ; puis nous introduisîmes la gueule du serpent dans la fontaine, ce qui lui rendit la vie. Il rampa aussitôt dans sa tête de mort et disparut. Le volatile posa lui-même son col sur le livre et se laissa décapiter humblement, sans résistance, par celui de nous qui avait été désigné par le sort. Alors le sang jaillit, frais et clair, telle une fontaine de rubis, et fut aussitôt recueilli.

Nous aidâmes ensuite la jeune femme à incinérer le corps sur l'autel même ainsi que la tablette qui y était suspendue, avec du feu pris à la petite lumière. Cette cendre fut purifiée à plusieurs reprises et conservée avec soin dans une boîte en bois de cyprès. Notre instructrice prit alors la parole :

– Chers seigneurs, nous sommes dans la sixième salle et nous n'en avons plus qu'une seule au-dessus de nous. Là, nous toucherons au terme de nos peines et nous pourrons songer à votre retour au château pour ressusciter nos très gracieux seigneurs et dames.

Notre guide nous y accompagna avec le petit coffret. Elle nous exhorta à obéir au vieillard en tout ce qu'il nous commanderait et à ne pas faiblir dans notre zèle. Voici quel fut notre travail : il fallut humecter d'abord les cendres avec l'eau que nous avions préparée auparavant, de manière à en faire une pâte claire ; puis nous plaçâmes la matière sur le feu jusqu'à ce qu'elle fût très chaude. Alors nous la vidâmes toute chaude dans deux petits moules qu'ensuite nous laissâmes refroidir un peu.

Nous ouvrîmes les petits moules et nous y aperçûmes deux belles figurines presque transparentes. C'étaient un garçonnet et une fillette. Chacune n'avait que quatre pouces de long. Ce qui m'étonna, c'est qu'elles n'étaient pas dures, mais en chair molle. Cependant, elles n'avaient point de vie.

Nous posâmes ces adorables enfants sur deux petits coussins en satin et nous ne cessâmes de les regarder sans pouvoir détacher nos yeux de ce gracieux spectacle. Mais le vieillard nous rappela à la réalité ; il nous remit le sang de l'oiseau recueilli dans la petite coupe en or et nous ordonna de le laisser tomber goutte à goutte et sans interruption dans la bouche des figurines. Dès lors, celles-ci grandirent tellement qu'il fallut les enlever des coussins et les coucher sur une longue table garnie de velours blanc. Puis le vieillard nous ordonna de les couvrir jusqu'au-dessus de la poitrine d'un taffetas double et blanc, très doux ; ce que nous fîmes à regret, à cause de leur indicible beauté. Avant que nous leur eussions donné tout le sang, elles avaient atteint la taille d'adultes : elles avaient des cheveux frisés blonds comme de l'or et, comparée à elles, l'image de Vénus que j'avais vue auparavant était bien peu de chose. On ne percevait encore en elles ni chaleur naturelle ni sensibilité ; c'étaient des statues inertes, ayant la coloration naturelle des vivants. Alors le vieillard, craignant de les voir trop grandir, fit cesser leur alimentation ; puis il leur couvrit le visage avec le drap et fit disposer des torches tout autour de la table.

Le toit sous lequel se passèrent tous ces événements avait une forme vraiment singulière ; à l'intérieur il était formé par sept grandes demi-sphères voûtées, dont la plus haute, celle du centre, était percée à son sommet d'une petite ouverture ronde qui était obturée. Six jeunes filles entrèrent, portant chacune une grande trompette, enveloppée d'une substance verte phosphorescente. Le vieillard en prit une, retira quelques lumières du bout de la table et découvrit les visages. Puis il plaça la trompette sur la bouche de l'un des corps, de telle sorte que la partie évasée, tournée vers le haut, vînt juste en face de l'ouverture du toit que je viens de désigner. Alors je vis l'orifice du toit s'ouvrir pour livrer passage à un rayon de feu qui se précipita dans le pavillon de la trompette et s'élança dans le corps. L'ouverture se referma aussitôt et la trompette disparut.

Dès que l'âme eut pénétré dans le corps, ce dernier ouvrit et ferma les yeux. Puis, une seconde trompette fut appliquée sur sa bouche et une seconde âme descendit de même. Cela eut lieu trois fois pour chacun des corps. Ensuite, toutes les lumières furent éteintes et enlevées ; la couverture de velours de la table fut repliée sur les corps et bientôt on étendit un lit de voyage. On y porta les corps tout enveloppés, puis on les sortit de la couverture et on les coucha l'un à côté de l'autre. Alors, les rideaux fermés, ils dormirent un long moment.

Nous restions là en silence, en attendant le moment où les époux s'éveilleraient. Il s'écoula environ une demi-heure. Peu après, notre guide revint également. Elle salua respectueusement le jeune roi et la reine, leur baisa la main et leur donna deux beaux vêtements. Ils s'en vêtirent et s'avancèrent. Deux sièges merveilleux étaient prêts à les recevoir ; ils y prirent place et reçurent nos hommages respectueux, pour lesquels le roi nous remercia lui-même ; puis il daigna nous accorder de nouveau sa grâce.

Quand il fut près de cinq heures, on réunit à la hâte les objets les plus précieux et nous escortâmes les personnes royales jusqu'au navire. Elles y prirent place en compagnie de quelques jeunes filles et de Cupidon et s'éloignèrent si vite sur la mer que nous les perdîmes bientôt de vue.

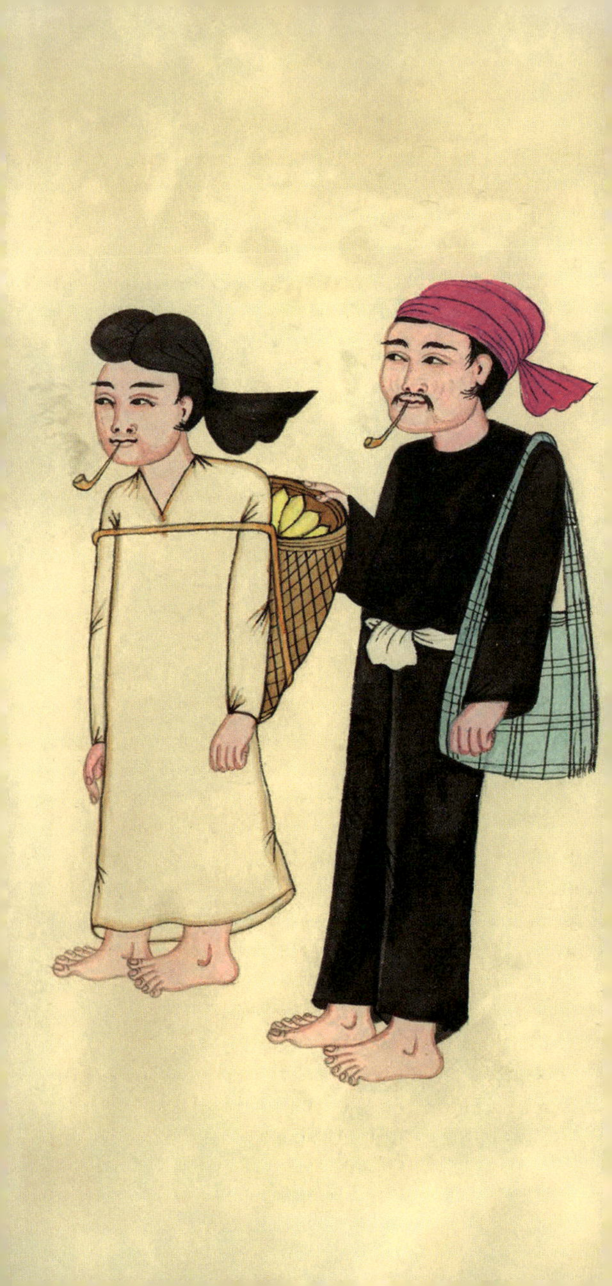

Le secret du vieil alchimiste

Au royaume de Birmanie, il y avait autrefois un jeune couple dont le mari s'adonnait à l'alchimie. Éternel étudiant, il n'avait toujours pas passé les examens de lettré et obtenu ainsi le moindre poste officiel alors qu'il était issu d'une petite noblesse des plus modestes. L'héritage dilapidé dans l'achat de manuscrits rares censés contenir les formules hermétiques de l'immortalité et de la transmutation de métaux vils en or, le couple avait du mal à joindre les deux bouts. La femme suppliait son mari de réviser pour le prochain concours provincial mais, depuis des mois, le jeune homme lui répondait invariablement :

– Je ne veux pas d'un poste de subalterne au fin fond d'une province. Je veux avoir les moyens de mes ambitions. Je suis sur le point de réussir à changer la poudre de cinabre en or. Bientôt nous serons riches !

La femme ne savait plus vers quel saint bouddha se tourner pour convaincre son entêté de mari de renoncer à sa folle entreprise. Elle avait emprunté plusieurs fois de l'argent à son père qui possédait un vaste domaine, mais la honte l'empêchait d'en réclamer davantage. Comme il était particulièrement avisé, elle décida néanmoins de s'ouvrir à lui pour savoir quel conseil il pourrait lui prodiguer.

– Ah, répondit-il avec un sourire malicieux tout en caressant sa barbiche, figure-toi que moi aussi j'ai pratiqué l'alchimie dans ma jeunesse. Dis-le à ton époux et prie-le de venir parler avec moi de sa passion.

Tout heureux de pouvoir évoquer sa quête avec son beau-père, le jeune lettré s'empressa d'aller lui rendre visite.

Le patriarche, dodu et jovial comme le bouddha rieur du bonheur, lui servit un thé rare aux effluves floraux et aux arômes fruités qui enchantent le palais et ravissent l'âme. Avec ses doigts potelés, il lui déroula ensuite, un sourire complice flottant sur ses lèvres, un vieux rouleau qu'un maître alchimiste lui avait offert autrefois.

– Oui, mon cher, j'ai eu la chance de fréquenter un *weizza*, un sage magicien. Il connaissait le pouvoir des plantes, pouvait voler dans les airs et transmuter la « poudre de cinabre » en or pur. Une transmission orale est indispensable pour connaître certaines formules. Il m'a ainsi confié la meilleure recette pour la transmutation. Il existe un ingrédient essentiel pour activer le processus : la fine pellicule poudreuse qui se dépose sur les feuilles de bananier. Il faut la récolter les soirs de pleine lune. Elle doit être mélangée à du sulfure de mercure. Cent kilos sont nécessaires pour produire dix kilos d'or.

– De la poussière de feuilles de bananier ?! s'étonna le lettré en balbutiant. Je n'ai jamais rien lu de pareil !
– Oui, mon cher, c'est une recette qui se transmet uniquement de bouche à oreille, de maître à disciple, sous le sceau du secret. Entre un beau-père et son gendre aussi, il y a une véritable filiation spirituelle. Voilà, tu connais désormais le secret de ma réussite. C'est grâce à cela que je me suis enrichi et que j'ai pu acheter toutes les terres de mon domaine ! Je vais te donner quelques plants de bananier et te louer une partie de mes champs pour les planter.

À partir de ce jour, l'adepte de l'alchimie se transforma en planteur de *Musa ornata*, l'appellation savante des bananiers de Birmanie. Il avait foi en son beau-père et hâte de mettre en œuvre le secret qu'il lui avait confié. Ayant retiré sa tunique de noble en soie, il revêtit une grosse toile de paysan, retroussa ses manches et, humblement courbé vers la terre, il repiqua les boutures avec le feu de sa passion

alchimique. Il le fit sur trois hectares, créant peu à peu une véritable forêt.
Ployant sous le joug de la palanche du porteur d'eau, il s'échina sans relâche à donner à boire à ses plants qui ont besoin de beaucoup d'humidité. En bon père fermier, il charriait des brouettes de fumier pour nourrir affectueusement ses enfants bananiers. Les nuits de pleine lune, il brossait les feuilles pour recueillir la précieuse poussière, ce qui contribuait à aider leur croissance.

À ce régime, le jeune lettré mit cinq ans à recueillir cent kilos de poussière de bananiers. Il apporta enfin le sac à son beau-père et lui demanda la dose de sulfure de mercure nécessaire pour la mélanger à la poudre afin de procéder à la transmutation.
– Ah, ah, ah, s'écria le vieil homme dans un grand éclat de rire, la transmutation a déjà eu lieu ! Ma fille s'en est chargée ! Elle m'a d'ailleurs payé le loyer des terres. Et sous le regard éberlué de son gendre,

le beau-père posa sur la table cinq petits lingots d'or.

– Comment ça, s'écria l'adepte, ma femme est aussi alchimiste ?!

Dans un nouveau rire qui se répercutait sur son double menton, le rusé patriarche expliqua :

– Pendant que tu cultivais les bananiers et récoltais la poussière des feuilles, elle cueillait les fruits et les vendait au marché ! Elle a ainsi changé cinq récoltes de bananes en vingt lingots d'or !

L'ultime épreuve

Les Noces alchymiques, VIII

Il était plus de huit heures quand je m'éveillai. Je m'habillai rapidement et mon page me conduisit dans l'un des navires qui appareillèrent aussitôt. Nos vaisseaux étaient au nombre de douze et chacun arborait un drapeau avec un signe du zodiaque ; le nôtre portait l'emblème de la Balance. La mer était d'un calme si parfait que notre voyage était des plus agréables.

Quand nous eûmes achevé notre traversée, le roi et la reine vinrent nous accueillir à la descente des navires et nous invitèrent à monter à cheval. On nous répartit entre les divers nobles. Le vieillard et moi fûmes invités à chevaucher aux côtés du roi. Nous avions obtenu cette place à cause de notre âge, car nous avions des barbes et les cheveux gris. Tout en cheminant, nous atteignîmes le premier portail. Dès que le gardien vêtu de bleu me vit, il me tendit une supplique et me pria de me souvenir de l'amitié qu'il m'avait témoignée, maintenant que j'étais auprès du roi. Je questionnai alors le souverain au sujet de ce portier ; il me répondit que c'était un astrologue éminent qui avait toujours été tenu en haute considération jusqu'au jour où il avait outragé Dame Vénus, ayant osé la contempler nue dans son lit ; pour sa punition il était devenu gardien de la première porte jusqu'à ce que quelqu'un prît sa place. Je pâlis et demandai qui pourrait le remplacer. Le roi répondit :

– Quelqu'un qui aura commis un péché aussi grand que le sien !

Ces mots m'affectèrent profondément car j'étais moi-même ce coupable ; cependant, je me tus, et je transmis la supplique. Arrivé au château, notre guide fit l'éloge de notre travail et pria le roi et la reine de nous récompenser royalement. Sa Majesté décida d'accorder à chacun le droit de faire un souhait qui serait exaucé s'il était réalisable.

Le roi me tendit ensuite la supplique et me la fit lire ; le gardien affirmait que le jour était maintenant arrivé où, conformément à la promesse royale, il devait être délivré. Car, d'après ses observations qui ne pouvaient lui mentir, Vénus aurait été vue nue par l'un de ses hôtes. Il suppliait Sa Majesté royale de bien vouloir faire procéder à une enquête minutieuse au cours du banquet. On nous conduisit en grande pompe dans la salle à manger. Cupidon était absent ; car, ainsi qu'on me l'apprit, l'offense faite à sa mère l'avait fortement contrarié. Voilà comment à chaque instant mon forfait me tourmentait. Le roi laissa au gardien qu'il avait convoqué le soin d'exercer une surveillance étroite et fit de son mieux pour paraître gai.

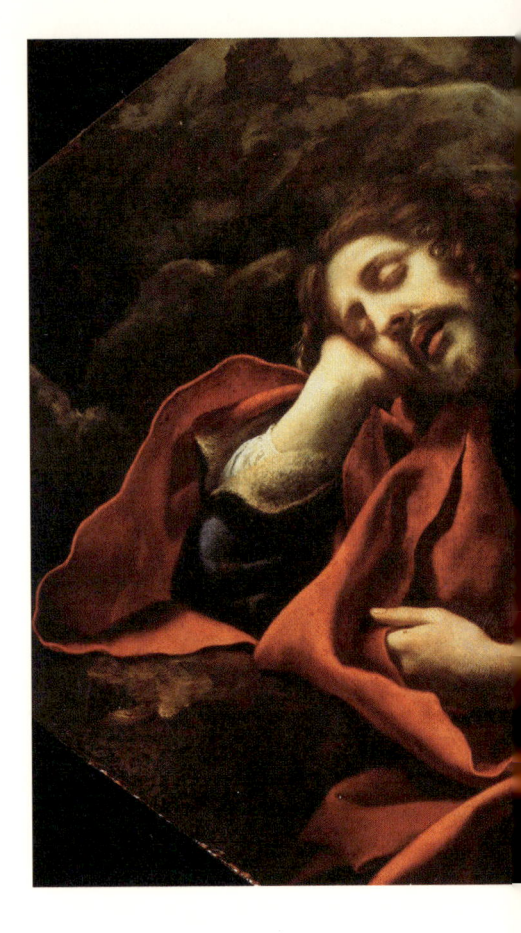

Après le banquet, un beau page ouvrit l'admirable livre dont j'ai déjà parlé. Atlas se plaça au centre de notre cercle et nous dit :
— Son Altesse n'a point oublié vos mérites. Pour vous récompenser, elle vous fait tous,

sans exception, *chevaliers de la Pierre d'Or*.
Il est donc indispensable de vous engager
à observer les articles suivants. Un : placer
constamment votre Ordre sous la seule
garde de votre Créateur, et de Sa servante,

la Nature. Deux : renoncer à toute luxure, débauche et impureté et ne point salir votre Ordre par ces vices. Trois : aider par vos dons tous ceux qui en seront dignes et en auront besoin. Quatre : ne jamais vous servir de l'honneur d'appartenir à l'Ordre pour obtenir le moindre profit et une considération mondaine.

Ensuite, nous fûmes ordonnés chevaliers avec la solennité d'usage ; on nous accorda, avec d'autres privilèges, le pouvoir d'agir à notre gré sur l'*ignorance*, la *pauvreté* et la *maladie*. On nous conduisit alors dans une chapelle. Nous y rendîmes grâce à Dieu et j'y suspendis ma Toison d'or et mon chapeau ; je les y déposai en commémoration éternelle. Et comme l'on demanda à chacun de laisser un mot dans le registre, j'écrivis :

NIHIL SCIRE, SUMMA SCIENTA
Ne rien savoir, la Science Suprême
Frère CHRISTIAN ROSENKREUTZ,
Année 1459.

Puis nous fûmes reconduits dans la salle où l'on nous invita à formuler nos souhaits. En ce qui me concerne, je pensais qu'il n'y aurait rien de plus louable que de faire honneur à mon Ordre en faisant preuve de vertu. Bien que j'eusse pu souhaiter quelque chose de merveilleux, je me résolus à délivrer le gardien. On me demanda d'abord si je n'avais pas reconnu ou soupçonné le coupable. Je révélai alors que c'était moi.

Le roi et les autres seigneurs furent très étonnés de cette confession inattendue ; ils me prièrent de me retirer un instant. Dès que l'on m'eut rappelé, Atlas m'informa que Sa Majesté était très peinée de me voir dans cette infortune, moi, qu'Elle aimait tant. Comme il Lui était impossible de transgresser cette vieille coutume, Elle ne voyait donc d'autre solution que de délivrer le gardien et de me transmettre sa charge, tout en désirant qu'un autre fût bientôt pris afin que je pusse rentrer. Cependant, on ne pouvait espérer aucune délivrance avant les fêtes nuptiales de son fils à venir. Accablé par cette sentence, je parvins à me ressaisir et me résignai à l'inévitable. Comme il me restait un vœu à formuler, je souhaitai rentrer chez moi. De cette manière, j'aurais délivré le portier et mon souhait m'aurait libéré à mon tour. On me répondit que ce vœu n'était pas réalisable car quelqu'un devait assumer cette tâche sacrée. On me mit alors au doigt la bague que le gardien avait portée auparavant, afin que je fusse bien convaincu que sa fonction m'était échue. Enfin, le roi m'exhorta à me conformer à ma tâche et à ne pas agir contre mon Ordre. Puis il me congédia de sorte que je crus comprendre que je devais être à mon poste dès le lendemain matin.

Croyant devoir monter la garde, je me réveillai dès l'aube. C'est alors que je me retrouvai sur ma chaise, devant ma table, dans la grotte où je m'étais retiré au début de cette aventure que j'avais sans doute rêvée ! Je m'étirai, mes membres avaient recouvré leur souplesse. Je me levais pour me regarder dans le miroir que j'avais accroché à la paroi rocheuse : mes cheveux avaient bruni, ma barbe était redevenue poivre et sel. J'avais apparemment rajeuni ! Était-ce un rêve éveillé ? Un voyage immobile en moi-même ?...

Peut-être avais-je réalisé dans mes méditations, au secret de l'athanor de mon corps, la fameuse formule alchimique : V.I.T.R.I.O.L.U.M. – *Visita Interiora Terrae, Rectificando Invenies Occultum Lapidem Veram Medicinam* – qui signifie : Visite l'intérieur de la Terre, en rectifiant tu trouveras la pierre cachée, Véritable Médecine.

Toujours est-il que j'étais comme un Homme neuf, investi d'une nouvelle connaissance et de pouvoirs inconnus pour soulager les maux de mes semblables. Et je décidai de créer l'Ordre de la Rose-Croix afin de guider d'autres Chercheurs de Vérité sur la Voie royale du Grand Œuvre.

Shams, le changeur du monde

Le jeune Rumi séjourna quelques années à Damas qui était à cette époque un haut lieu du savoir et du soufisme. Il y fréquenta les madrasas, les universités musulmanes, et y rencontra aussi l'immense Ibn Arabi, surnommé le Sheikh al-Akbar, le plus grand des maîtres, qui y vécut les dernières années de sa vie.

On raconte qu'un jour, alors qu'il déambulait dans le bazar, l'étudiant croisa un derviche entièrement vêtu de noir, des babouches jusqu'à son couvre-chef de feutre. L'étrange inconnu s'approcha soudain, lui saisit la main, la baisa et,

le transperçant de la braise de son regard, déclara :
— Je suis le changeur du monde. Tu es encore trop cru. Un jour, nous nous retrouverons et tu comprendras.
Et il disparut aussitôt dans la foule.

Quinze ans plus tard, Rumi était à la tête d'une prestigieuse école coranique de Konya. Il succédait à son père, un théologien de renom qui était surnommé « le sultan des oulémas » et qui avait ses entrées dans les palais des souverains.
Un jour, dans la cour de l'université où le maître des lieux, entouré de livres, donnait un cours à ses étudiants, un colporteur entra et l'interrompit en lui demandant ce qu'il enseignait. Le prenant pour un illettré, le savant lui répondit :
— Mon pauvre ami, tu ne peux pas comprendre.
Le visiteur, apparemment furieux, ramassa les livres et les jeta dans le bassin de la fontaine toute proche.

– Misérable fou, que fais-tu là ? Ces manuscrits sont précieux ! Ils contiennent toute la connaissance du monde !
L'autre répondit :
– Mon pauvre ami, tu ne peux pas comprendre ! Aucun livre ne contiendra jamais la Haqiqa, la Réalité Ultime.
Et l'inconnu retira du bassin les ouvrages dégoulinant d'eau pour les rendre à Rumi qui s'étonna qu'ils soient encore secs.
Quand il se retourna, le curieux magicien avait disparu.

Le lendemain, alors que le théologien traversait Konya sur sa mule, escorté de ses disciples, le même marchand ambulant surgit de la foule et attrapa la bride de sa monture.
Il lui demanda :
– Qui est le plus grand, le prophète Mohammed ou Bayazid ?!
– Notre Prophète bien entendu ! Que la Paix soit sur lui ! Bayazid n'est qu'un saint parmi d'autres.

– Pourtant, Mohammed a dit : « Ô Seigneur, nous ne pouvons Te connaître à Ta juste grandeur ! », alors que Bayazid a déclaré : « Louange à Toi, Seigneur, je connais Ta grandeur ! »

Sous le choc de cette parole iconoclaste, Rumi eut un étourdissement et tomba de sa mule. Il roula dans la poussière pendant que des disciples se précipitaient pour le relever tandis que d'autres repoussaient sans ménagement ce diable d'homme qui osait blasphémer devant leur maître.
Le théologien se releva, visiblement sonné. Il est dit qu'à cet instant, sous l'effet de cette question énigmatique, une ouverture se fit au sommet de son crâne et une intense lumière l'illumina. Tout en s'époussetant, Rumi déclara :
– Le Prophète est bien le plus grand car il n'était jamais comblé de sa proximité avec Dieu et il avait toujours soif de Sa présence, d'instant en instant. Bayazid, au contraire, fut satisfait d'un instant de communion avec le Seigneur. Il est comme celui qui se contente de boire une goutte de l'insondable Océan de l'Univers et prétend le connaître entièrement.
À ces mots, l'inconnu, qui n'était autre que Shams de Tabriz, comprit qu'il avait enfin trouvé le disciple qu'il cherchait, celui avec

qui il pourrait partager son indicible secret, ce feu prodigieux qui l'embrasait.

Rumi perçut aussi qu'il avait trouvé son maître, celui qui était capable de l'éveiller à une plus haute perception de El Haqq, la Vérité, la Réalité Suprême, l'un des noms de Dieu. Sous les yeux médusés de ses étudiants, le théologien s'inclina devant ce marchand ambulant et le pria de l'accepter comme disciple. Puis il l'invita à déjeuner chez lui. Au cours du repas, Shams déclara qu'il accepterait d'être le maître de Rumi si celui-ci était prêt à lui obéir en tout pour le suivre sur la Voie sans limite.

Le savant, ébloui par l'aura du derviche, promit de se soumettre au moindre de ses ordres.

– Très bien, dit Shams, va acheter une outre de vin et enivrons-nous !

– Vous savez que je ne peux faire cela, c'est *aram*, illicite, contraire à la Loi coranique.

– À qui obéis-tu, à la *Charia* ou à ton maître ?! Si tu ne suis pas mes instructions, séparons-nous.

Le rude derviche se leva, attrapa sa cape et se dirigea vers la porte.
– Attendez, s'écria Rumi, très bien, je vais acheter cet alcool.
Et le voilà parti sans plus tergiverser vers le quartier des chrétiens pour s'y procurer une outre de vin. Il retraversa la ville, la mort dans l'âme, avec son scandaleux fardeau. Des badauds n'en revenaient pas de voir le

Photogravure : IGS-CP, L'Isle-d'Espagnac, France
Impression : Graphiche AZ, Italie
Dépôt légal : février 2023. N° 151707

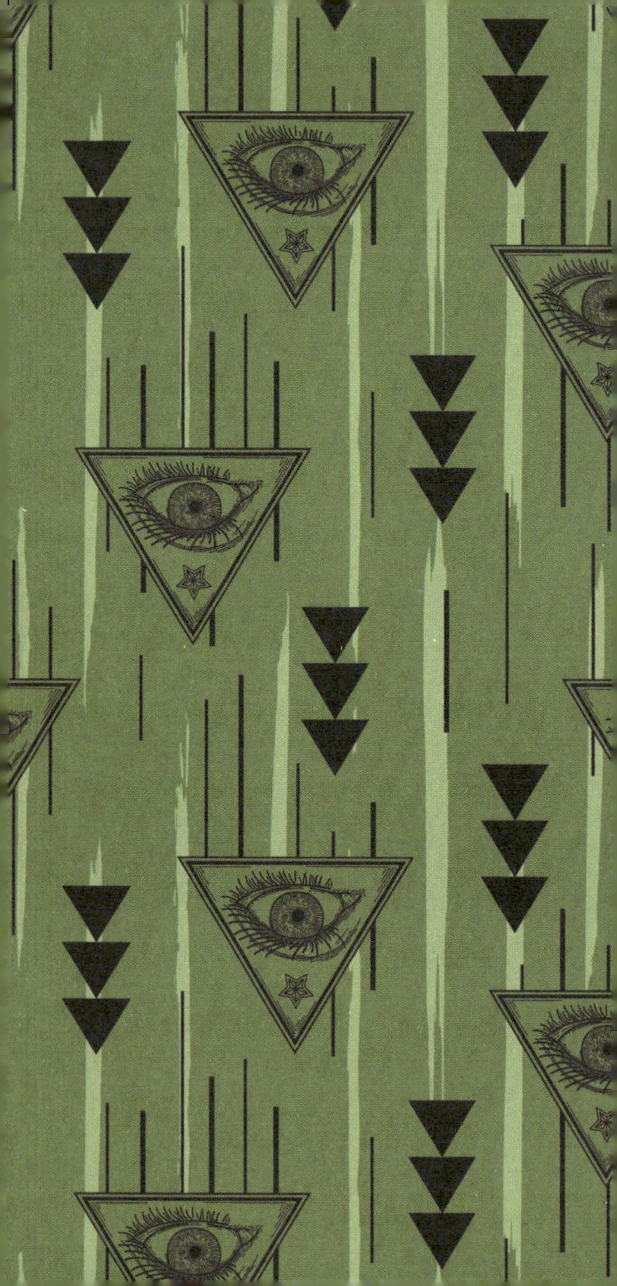

célèbre ouléma, ce docteur de la Loi, transporter de l'alcool. Un attroupement se fit, une foule suivit cet hypocrite, ce mécréant, l'interpella, l'apostropha, l'injuria.
Rumi était aux abois, il avait perdu toute dignité. Sa conduite était impardonnable, inqualifiable. C'était le déshonneur, tout son monde s'écroulait. Alors qu'il était sur le point d'être lynché par la meute

déchaînée, apparut Shams qui s'écria de sa voix perçante :

– Écartez-vous, ne vous fiez pas aux apparences, mon disciple ne fait que me rapporter du sirop de framboise que j'affectionne particulièrement.

Et il s'empara de l'outre, l'ouvrit et fit goûter à qui voulait vérifier quelques gouttes du breuvage qui s'avéra n'être que du jus de fruit sucré !

Rumi avait été soumis à l'épreuve de la mort initiatique, l'œuvre au noir. *Solve et coagula*, séparer le subtil de l'épais, se séparer de soi-même pour mieux s'unir au Soi-m'aime ! Il demeura ensuite enfermé en tête à tête avec Shams pendant quarante jours.

Quand le savant sortit de cette intense retraite, il déclara :

– J'étais cru, je fus cuit et maintenant je me consume.

Ce fut une renaissance. Un homme nouveau réapparut au monde, incendié

par la présence de son maître dont le nom,
Shams, signifie le Soleil en arabe.
Rumi délaissa les livres pour s'adonner au
Sama, l'ivresse de l'extase par la musique et
la danse tournoyante des derviches tourneurs. Il composa sur les rythmes des tambours et les mélodies de la flûte des milliers
de vers qui élèvent l'âme et la rapprochent
de Son Créateur, l'Amant divin.

> *Tu es venu d'un autre monde,*
> *D'au-delà les étoiles*
> *Et du vide spatial,*
> *Transcendant, pur,*
> *D'une beauté incomparable.*
> *Porteur de l'essence de l'Amour,*
> *Tu transformes tous ceux*
> *Qui entrent en contact avec Toi.*
>
> *Les préoccupations mondaines,*
> *Les soucis et les chagrins*
> *Se dissolvent en Ta présence*
> *Tu apportes la joie aussi bien*
> *Aux puissants qu'aux faibles,*

Aux rois qu'aux paysans.
Tu nous déroutes par Ta grâce ;
Avec toi tout mal se transmute en
    bonté.
Tu es le Maître Alchimiste !
Tu embrases du feu de l'Amour
La terre et le ciel,
Le cœur et l'âme de chaque être.
Par Ton amour, l'existence
Et la non-existence fusionnent,
Tous les opposés s'unissent,
Tout ce qui est profané redevient sacré.

Rumi

CONTES DES SAGES ALCHIMISTES

Remerciements

Merci pour leurs histoires et explications orales à Sheikh Bahauddin Adil Al-Haqqani, un maître de l'ordre soufi Naqshbandi, Joachim Bi, maître taoïste, Jean-Luc Penso, marionnettiste et directeur artistique de la Compagnie du Théâtre du Petit Miroir, disciple de Li Tien Lu, l'un des plus grands maîtres chinois de marionnettes.

Crédits iconographiques

AKG : British Library : 12-13, 22-23 ; Roland et Sabrina Michaud : 152 ; Heritage Images/Fine Art Images : 209 ; Liszt Collection : 212-213. Aurimages : Artokoloro/Quint Lox : 166-167. Bridgeman : 46, 100-101, 122-123 ; Look and Learn : 28 ; Christie's Images : 62-63, 200-201 ; Everett Collection : 80-81 ; Giancarlo Costa : 146-147 ; Raffaello Bencini : 178-179 ; Pictures from History : 190. DR : 107. garde x2 ; 5 à 51 ; 98 à 149 ; 216 à 221. Getty : 53 à 97 ; 150 à 215. Kharbine-Tapabor : 27, 95. Metropolitan Museum of Art, New York : 52, 68-69. Photo 12 : Alamy : 51, 173 ; The History Collection/Alamy : 132 ; Charles Walker Collection/Alamy : 139. Symboles : Alamy : 26, 51, 58, 117, 173, 188, 196.

En couverture : British Library/Bridgeman.

Iconographie recueillie par Marie-Anne Méhay.

Sources bibliographiques

Andreae, Johann Valentin, *Les Noces chymiques de Christian Rosenkreutz*, Paris, Chacornac Frères, 1928.

Baldrian-Hussein, Farzeen, « Lü Tung-pin in Northern Sung Literature », *Cahiers d'Extrême-Asie*, vol. 2, 1986.

Fauliot, Pascal, *L'Épopée du roi singe*, Bruxelles, Casterman, 2012.

Laloy, Louis, *Légendes des immortels, d'après les auteurs chinois*, Paris, Société des Trente, Albert Messein éditeur, 1922.

Mà Tcheú-yuàn, Lì Cheû-tchoūng, Hoū Lì-leâng et Hoūng-tzeú Lì-eúl, *Le Rêve du millet jaune, drame taoïste du XIIIe siècle*, traduit du chinois par Louis Laloy, Paris, Desclée de Brouwer, 1935.

Poisson, Albert, *Nicolas Flamel. Sa vie, ses fondations, ses œuvres*, Paris, Chacornac Frères, 1893.

Wong, Eva, *Tales of the Taoist Immortals*, Boston, Shambala Publications, 2001.

Wou Tch'eng Ngen, *Le Singe pèlerin, ou le Pèlerinage d'Occident*, Lausanne, Payot, 1951.

Wou Tch'eng Ngen, *Si Yeou Ki, ou le Voyage en Occident*, Paris, Seuil, 1957.

Wu Ch'eng-En, *Monkey: A Folk-tale of China*, trad. Arthur Waley, Londres, George Allen & Unwin Ltd, 1942.

Wu Yuan T'ai, *Les Huit Immortels traversent la mer*, Paris, Éditions You Feng, 2001.

Rámáyan of Válmíki, trad. Ralph Thomas Hotchkin Griffith, Londres, Trübner & Co, 1870-1874.

Stories and Myths of Eight Immortals, trad. Li Yanjia et Nathaniel Hu, Golden Pineapple Book, 1995.

The Magic Powder: A Folktale from Myanmar, raconté par Greystroke, Bangalore, Pratham Books, 2005.

The Mahabharata of Krishna-Dwaipayana Vyasa, trad. Kisari Mohan Ganguli, Calcutta, Bharata Press, 1884-1896.